LA FRANCE GUERRIÈRE

★ ★

JEANNE-D'ARC — FRANÇOIS Iᵉʳ

BAYARD AU PONT DU GARIGLIANO

LA FRANCE GUERRIÈRE

✶✶

JEANNE-D'ARC—FRANÇOIS Ier

RÉCITS HISTORIQUES

D'APRÈS LES CHRONIQUES ET LES MÉMOIRES DE CHAQUE SIÈCLE

PAR

CH. D'HÉRICAULT & L. MOLAND

NOUVELLE ÉDITION

ILLUSTRÉE DE NOMBREUSES VIGNETTES SUR BOIS

PARIS

GARNIER FRÈRES, LIBRAIRES-ÉDITEURS

6, RUE DES SAINTS-PÈRES, 6

LA

FRANCE GUERRIÈRE

DÉLIVRANCE D'ORLÉANS

1429

Jeanne d'Arc.

Orléans était assiégée depuis six mois par les Anglais, elle était réduite à toute extrémité, et, cette dernière barrière détruite, Charles VII n'avait plus qu'à renoncer à tout le nord de la France, lorsque des confins de la Lorraine arriva à Blois, où résidait la cour, une « pauvre petite bergerette » de l'âge de dix-huit ans, qui promettait de délivrer la ville assiégée et de conduire le roi à Reims pour y recevoir le sacre. Jeanne d'Arc eut grand'peine, comme on sait, à faire prendre au sérieux sa mission et ses promesses. Elle finit pourtant, à force de conviction et de bon sens, de fermeté et d'enthousiasme, par surmonter toutes les difficultés qu'on lui opposait. On lui permit d'accompagner un secours d'hommes d'armes et de vivres qu'on envoyait à Orléans. Le roi lui avait donné une armure blanche à la mesure de sa taille, un cheval noir ; elle avait fait chercher une épée parmi de vieilles armes déposées derrière l'autel de l'église de Sainte-Catherine de Fierbois et s'était fait faire un étendard de soie blanche où Notre-Seigneur était représenté assis au milieu des nues, entre deux anges tenant à la main une fleur de lis. Un vieux chevalier nommé Jean Daulon et un jeune gentilhomme de quatorze ans, Louis de Contes, furent attachés à son service, l'un à titre d'écuyer, ce dernier en qualité de page. Elle eut aussi son chapelain, ses hérauts d'armes et ses gens, parmi lesquels Pierre d'Arc, son frère, vint se ranger.

Avant de partir de Blois, elle dicta des lettres au roi d'Angleterre et aux capitaines anglais :

« Roi d'Angleterre, faites raison au Roi du ciel de son sang royal. Rendez à la Pucelle les clefs de toutes les bonnes villes que vous avez en France. Elle est venue de par Dieu pour réclamer tout le sang royal. Elle est toute prête de faire paix, si vous voulez faire raison, par ainsi que vous rendiez France et payiez de ce que vous l'avez tenue. Et si ainsi ne le faites, je suis chef de guerre : en quelque lieu que j'atteindrai vos gens en France, s'ils ne veulent obéir, je les en ferai sortir, qu'ils veuillent ou non ; et s'ils veulent obéir, je les prendrai à merci. Elle vient de par le Roi du ciel vous bouter hors de France. Et vous promet et certifie la Pucelle, qu'elle fera si grand *hahay* qu'il y a mille ans qu'en France ne fut si grand. Si vous ne lui faites raison, croyez fermement que le Roi du ciel lui enverra plus de force que vous ne lui saurez mener d'assauts à elle et à ses bonnes gens d'armes. »

« Entre vous autres, archers, compagnons d'armes gentils et vaillants, qui êtes devant Orléans, disait la lettre aux soldats anglais, allez en votre pays de par Dieu. Et si ainsi ne le faites, donnez-vous garde de la Pucelle, et que de vos dommages il vous souvienne brièvement ! Ne persistez pas dans vos desseins, car vous ne tiendrez point France qui est au Roi du ciel, fils de sainte Marie ; mais la tiendra le roi Charles. Si vous ne croyez les nouvelles de Dieu et de la Pucelle, en quelque lieu que nous vous trouverons, nous frapperons sur vous à horions, et verrons lequel, de Dieu ou de vous, aura meilleur droit. »

Elle écrivait encore aux capitaines anglais : « Guillaume La Poulle, comte du Suffort (Suffolk) ; Jean, sire de Talbot, et vous, Thomas, sire de Scalles, lieutenants du duc de Bedford, soi-disant régent de France de par le roi d'Angleterre, faites réponse si vous voulez donner paix à la cité d'Orléans, et si ainsi ne le faites, de vos dommages vous souvienne ! »

Enfin, elle mandait au duc de Bedford : « Duc de Bedford qui vous dites régent de France par le roi d'Angleterre, la Pucelle vous prie et requiert que vous ne vous fassiez pas détruire. Si vous lui faites raison, encore pourrez-vous venir en sa compagnie où les Français feront la plus belle entreprise qui oncques fut faite pour la chrétienté[1]. Écrit le mardi, en la grande semaine, 22 mars 1429. »

Ces messages furent expédiés par des hérauts d'armes. Jeanne partit avec les troupes et le convoi le 28 avril. Deux routes conduisaient à Orléans, l'une à travers la Beauce et par laquelle on arrivait sans avoir à traverser le fleuve, mais c'était de ce côté que les Anglais avaient leurs plus fortes bastilles ; l'autre, par la Sologne, était moins exposée aux attaques, mais laissait la Loire entre la ville et ceux qui venaient la secourir. Jeanne voulait qu'on

---

[1] Suggestion d'une croisade commune.

Jeanne d'Arc

marchât directement par la Beauce. Mais les capitaines, par l'avis même de Dunois, le défenseur d'Orléans, la trompèrent et se dirigèrent par la Sologne.

Elle avait communié le matin et ordonné que tous les gens de guerre se confessassent. Elle passa le pont de Blois, par une belle matinée de printemps, au chant du *Veni Creator*. « Tout semblait divin en son fait, écrit Guy de Laval à sa mère, et de la voir et de l'entendre : elle était armée tout en blanc, sauf la tête, une petite hache en sa main, sur un grand coursier noir. Se tournant vers le clergé, elle dit d'une voix féminine : « Vous, les « prêtres et gens d'Église, faites processions et prières à Dieu! » Puis, s'élançant, elle dit : *Tirez avant! tirez avant!* Un gracieux page portait son étendard ployé devant elle. »

La première nuit, l'on campa au milieu des champs. Jeanne coucha dans son armure de fer; elle souffrit beaucoup, mais n'en continua pas moins sa route. On arriva sur les bords de la Loire, deux lieues au-dessus d'Orléans, vis-à-vis de l'Ile-aux-Bourdons. Ceux de la ville étant prévenus se hâtèrent de préparer des bateaux pour aller chercher les bestiaux et les vivres. Mais le vent était contraire : « Attendez un peu, dit Jeanne aux siens qui s'impatientaient, car, à l'aide de Dieu, tout entrera en la ville. » En effet, le vent changea tout à coup et les vaisseaux arrivèrent très-aisément et légèrement où était Jeanne. Dunois et quelques-uns des principaux bourgeois étaient sur les barques, désireux de voir la jeune fille dont on s'entretenait dans la ville depuis plusieurs semaines et dont on espérait le salut. Dès que Dunois fut à terre : « Êtes-vous le bâtard d'Orléans ? » lui dit Jeanne. « Oui, Jeanne, » lui répondit Dunois. « Qui vous a conseillé de nous faire venir par la Sologne ? et que n'avons-nous été par la Beauce, à travers toute la puissance des Anglais ? Les vivres eussent entré sans les faire passer par la rivière. » Dunois s'excusa en disant que tel avait été l'avis de tous les capitaines, précisément à cause de la puissance des Anglais sur l'autre rive. Elle répliqua : « Le conseil de Messire, c'est à savoir Dieu, est meilleur que le vôtre et que celui des hommes : il est plus sûr et plus sage. Vous m'avez pensé décevoir, mais vous vous êtes déçus vous-mêmes, car je vous amène le meilleur secours qui ait jamais été envoyé à qui que ce soit, le secours du Roi des cieux. Il ne vient pas de moi, mais de Dieu même, qui, à la requête de saint Louis et de saint Charlemagne, a eu pitié de la ville d'Orléans et n'a pas voulu souffrir que les ennemis eussent tout ensemble le corps du duc (prisonnier en Angleterre) et sa ville. »

Les bestiaux, les grains ayant été embarqués, les bateaux ne pouvaient suffire au transport des troupes : celles-ci devaient redescendre pour passer le fleuve à Blois et revenir par la Beauce. Jeanne ne voulait pas se séparer de ses gens : « Ils sont tous confessés, disait-elle, et avec eux, je ne craindrais point toutes les forces des Anglais. » Mais on lui fit entendre que sa présence était merveilleusement désirée dans la ville et que le peuple serait déçu s'il ne la voyait pas encore. Ses compagnons joignirent leurs instances à celles de Dunois et des bourgeois. « Jeanne, allez-y sûrement, lui dirent-ils, nous vous promettons de retourner bientôt vers vous. » Elle se décida alors à ne point différer son entrée dans Orléans ; elle monta dans une barque avec Dunois, La Hire et deux cents hommes d'armes.

L'entrée eut lieu à huit heures du soir (29 avril 1429). La foule ne permettait pas d'avancer, tant elle était compacte ; elle faisait éclater une joie « telle que si Dieu fût descendu parmi eux. » Tout en parlant doucement à ce peuple, Jeanne alla jusqu'à la cathédrale, où elle s'arrêta pour rendre grâces à Notre-Seigneur, puis vint à l'hôtel du trésorier du duc d'Orléans, Jacques Boucher, homme honorable, dont la femme et les filles la reçurent. Elle avait chevauché toute la journée sans boire ni manger. On lui avait préparé à souper; mais elle se fit seulement verser du vin et de l'eau dans une tasse d'argent, y trempa quelques morceaux de pain. Ce fut tout son repas; elle fut conduite ensuite dans la chambre qui lui avait été préparée. Charlotte, l'une des filles du trésorier, partagea son lit avec elle.

Elle voulut savoir d'abord l'accueil que les Anglais avaient fait à ses lettres. Ceux-ci, bien loin d'en tenir compte, avaient gardé ses hérauts et menacé de les brûler. Dunois les menaça à son tour d'user de représailles et de faire pendre les hérauts qu'on lui avait envoyés pour l'échange des prisonniers. Jeanne n'avait point d'inquiétude à leur sujet : « Ils ne leur feront point de mal, » disait-elle, et elle envoya un autre messager avec ce défi : « Va dire à Talbot que, s'il s'arme, je m'armerai aussi, et qu'il se trouve en place devant la ville! s'il peut me prendre, qu'il me fasse brûler; mais, si je le déconfis, qu'il fasse lever le siége et s'en aille en son pays! » Le héraut y alla et ramena ses compagnons. Elle leur demanda ce que les Anglais disaient d'elle; ils répondirent que ceux-ci en disaient tous les maux qu'ils pouvaient et toutes les injures. Jeanne était sensible à ces insultes ; elle pleura et prit Dieu à témoin, puis, se sentant consolée, elle dit : « J'ai eu nouvelles de mon Seigneur. »

Elle eût voulu qu'on attaquât sur-le-champ les bastilles anglaises ; mais Dunois jugea prudent d'attendre les renforts qui devaient arriver de Blois. Ceux-ci tardant, il résolut d'aller à leur rencontre. Jeanne l'accompagna jusqu'à une certaine distance, puis rentra avec La Hire et quelques gens d'armes. Les Anglais ne bougeaient point : ils n'étaient pas sans crainte de cette ennemie inconnue ; ils la croyaient sorcière ; ils avaient perdu beaucoup de leur confiance. Avant qu'elle arrivât, deux cents Anglais chassaient aux escarmouches cinq cents Français, et depuis sa venue, deux cents Français chassaient quatre cents Anglais.

Restée à Orléans, elle fit des chevauchées autour des murailles, et le peuple la suivait sans souci du danger. Elle alla visiter de près les fameuses bastilles anglaises que les Anglais avaient baptisées : Paris, Rouen, Londres. Il n'en sortit pas un trait sur elle ni sur son escorte. Au retour, elle entra dans l'église de Sainte-Croix et y entendit les vêpres ; un docteur, nommé Jean de Mascon, s'approcha d'elle et lui dit : « Ils sont forts et bien fortifiés, et ce sera une grande chose à les mettre hors. — Il n'est rien impossible à la puissance de Dieu, » répondit-elle.

Enfin, on apprend, le 3 mai, que les troupes commandées par les sires de Rais, de Saint-Sévère et de Loré, amenant des vivres et de l'artillerie, arrivaient par la route de Beauce. Jeanne résolut d'aller à leur rencontre. Le mercredi matin, 4 mai, veille de l'Ascension, elle s'arma et, avec grande compagnie de gens d'armes et d'archers, s'avança jusqu'à la porte d'Orléans. Toute l'armée, devant laquelle marchaient des prêtres chantant des psaumes, passa sous le fort de Londres, étendards déployés, Jeanne à côté de Dunois, et pénétra dans la ville. Pas un Anglais ne sortit des retranchements. Orléans semblait vraiment « désassiégée, » selon l'expression d'un des chroniqueurs du temps.

Les capitaines commençaient-ils à craindre que leur part dans l'honneur de la délivrance ne fût plus assez belle? ou peut-être ne s'accommodaient-ils point de la stratégie naïve de Jeanne, car il y a toujours antagonisme entre la routine et l'inspiration? On ne le sait, mais Jeanne comprit qu'on voudrait agir sans elle, au risque de tout perdre. Dunois ayant raconté qu'on annonçait la prochaine arrivée d'une troupe anglaise sous le commandement de sir John Falstaff, le vainqueur de la *journée des ha-*

rengs : « Bâtard, bâtard, lui dit Jeanne, je te commande que, dès que tu sauras la venue de ce Falstaff, tu me le fasses savoir, car s'il passe sans que
je le sache, je te ferai couper la tête. »

Elle s'alla reposer. Pendant qu'elle dormait, des
capitaines livrèrent assaut à la bastille Saint-Loup
et y furent très-maltraités eux et leurs soldats.
Jeanne se dresse tout à coup : « Ah ! mon Dieu !
s'écrie-t-elle, le sang de nos gens coule par terre...
c'est mal fait. Pourquoi ne m'a-t-on pas éveillée ?...
Vite mes armes, mon cheval ! » Elle descend à la
hâte, et, trouvant son jeune page qui jouait sur le
seuil du logis : « Ah ! méchant garçon, lui dit-elle,
vous ne me disiez pas que le sang de France fût
répandu ! » Elle fut armée en un instant. Louis de
Contes lui amena son cheval, sur lequel elle
s'élança. « Mon étendard ! » demanda-t-elle. Le
page monta à la chambre et lui passa l'étendard
par la fenêtre. Elle partit au grand galop, tellement
que les étincelles jaillissaient du pavé, et se dirigea
sans hésiter vers la porte de Bourgogne et la bastille Saint-Loup ; déjà on rapportait des blessés.
Jeanne s'arrêta pour les laisser passer. « Jamais,
dit-elle, je n'ai vu sang de Français, que mes che-
veux ne se levassent ! »

Quand elle arriva sur le lieu du combat, la situation était devenue critique pour les nôtres : ils commençaient à reculer ; mais à la vue de Jeanne, ils reprirent courage et retournèrent à l'attaque ; et de ce moment, dit le chroniqueur, pas un Anglais ne put infliger une blessure à un Français. L'assaut dura longuement. Talbot fit sortir toutes ses troupes des autres bastilles pour secourir le fort attaqué. Mais toute la garnison d'Orléans arriva et se mit en bataille. Talbot fit rentrer ses troupes, renonçant à secourir la bastille de Saint-Loup. Celle-ci succomba vers l'heure de vêpres (entre six et neuf heures du soir). Ses défenseurs se réfugièrent dans le clocher ; beaucoup de soldats prirent les habillements des prêtres et s'en revêtirent, espérant s'échapper à la faveur de ce déguisement. Les vainqueurs voulaient les égorger. Mais Jeanne intervint, les prit sous sa garde et les fit conduire à son logis.

La perte des Anglais fut grande. Jeanne pleura en voyant pour la première fois tant d'hommes morts sans confession. Un Français, poussant devant lui quelques prisonniers, frappa l'un d'eux si violemment sur la tête qu'il tomba. Jeanne, saisie de pitié, descendit de cheval, soutint la tête du blessé et fit chercher un prêtre pour le consoler et l'absoudre.

On célébra dans Orléans des actions de grâces pour ce succès. Les cloches sonnèrent à toutes les églises, « que les Anglais pouvaient bien entendre, lesquels, ajoute le chroniqueur, furent fort abaissés de puissance et aussi de courage par le moyen de cette perte. »

Le lendemain étant le jour de l'Ascension, Jeanne le passa en dévotions et en prières. Les maréchaux et les capitaines tinrent conseil, dans l'hôtel du chancelier d'Orléans, pour décider comment on dirigerait l'attaque le jour suivant. Il fut résolu qu'on passerait la Loire pour attaquer le fort de Saint-Jean-le-Blanc, qui était le principal obstacle à l'en-. trée des vivres du côté du Berry, et qu'on ferait en même temps une fausse attaque sur les autres bastilles du côté de la Beauce, pour détourner l'attention et occuper les forces des Anglais. Jeanne n'assistait point au conseil : elle était auprès de la femme du chancelier; mais après la conclusion on l'envoya querir, on ne lui parla que de la fausse attaque. Jeanne s'aperçut bien qu'on ne lui communiquait pas tout le projet. « Chancelier, dit-elle, apprenez-moi tout ce que vous avez conclu, je célerais chose plus importante que celle-ci; » et elle allait et venait par la chambre d'un air courroucé. Dunois compléta les explications. « Jeanne, dit-il, ne vous fàchez point, on ne peut pas tout dire en même temps. Si ceux d'au delà de la rivière viennent de ce côté au secours des bastilles que nous assaillerons, nous nous retournerons sur le fort de la rive gauche qu'ils auront dégarni, et nous ferons du mieux que nous pourrons. »

Ces paroles apaisèrent Jeanne ; mais elle voulut aller adresser une sommation aux défenseurs du fort de Saint-Jean-le-Blanc, que commandait Wiliam Glasdale ou Glacidas, comme l'appelaient les Français. Jeanne s'avança au bout du pont, d'où l'on pouvait se faire entendre des Anglais ; elle leur cria : « qu'ils s'en allassent, que tel était le plaisir de Dieu, ou sinon qu'ils s'en repentiraient. » Les Anglais, Glasdale en tête, l'accueillirent par leurs injures habituelles : vachère, ribaude, etc., « dont Jeanne ne fut pas contente, et elle promit d'aller le lendemain les visiter. »

Cependant, dès le point du jour, les Anglais, lorsqu'ils virent qu'on établissait une communication au moyen de bateaux entre les deux rives de la Loire, renoncèrent à défendre la bastille de Saint-Jean-le-Blanc, la désemparèrent et la brûlèrent et se replièrent sur les deux autres bastilles du midi, celles des Augustins et des Tournelles. Jeanne, ayant traversé la rivière avec peu de monde, marcha droit sur le

fort des Augustins; elle alla planter son étendard
sur le boulevard. Mais en ce moment, un cri s'é-
tant levé que les Anglais arrivaient à la rescousse
du côté de Saint-Privé, ses gens eurent une panique et refluèrent vers le pont de bateaux, entraî-
nant Jeanne avec eux. Les Anglais, voyant ce mouvement, poussèrent des huées et sortirent pour les
poursuivre. Mais leur poursuite fut vite arrêtée. La
Hire et Jeanne se jetèrent dans les bateaux et vinrent charger les Anglais en flanc. Ceux-ci prirent
la fuite à leur tour, et tous les Français, passés en
grand nombre, se jetèrent sur le fort des Augustins et l'enlevèrent avant la nuit. Il y avait quantité
de vivres et de richesses; mais comme les Français étaient trop attentifs au pillage, la Pucelle fit
mettre le feu en la bastille, où tout fut brûlé. Jeanne
avait été blessée au pied par une chausse-trape.
Elle voulait rester avec les troupes, qui passèrent
la nuit devant le fort des Tournelles. On l'obligea à
traverser la Loire et à rentrer à son logis. Toute la
nuit, elle fut en grande inquiétude pour ces
braves gens qu'elle avait laissés devant la bastille
anglaise.

On vint dire à Jeanne que les capitaines étaient
d'avis d'attendre les renforts promis par le roi
avant de continuer la lutte. C'était probablement

encore quelque manœuvre pour lui enlever l'honneur du succès ; elle ne s'y laissa point prendre. « Vous avez été en votre conseil, répondit-elle, et j'ai été au mien. » Et se tournant vers son chapelain, frère Jean Pasquerel, elle ajouta : « Venez demain à la pointe du jour, et ne me quittez pas ; j'aurai beaucoup à faire, il sortira du sang de mon corps ; je serai blessée au-dessus du sein. »

Le lendemain samedi, le soleil se levait à peine que Jeanne était debout et armée. Elle sortait à jeun, lorsque son hôte, Jacques Boucher, lui montrant une alose qu'on venait d'apporter : « Jeanne, lui dit-il, mangeons ce poisson avant que vous partiez. — Gardez-le jusqu'à ce soir, répondit-elle, pour le souper, nous repasserons par le pont après avoir pris les Tournelles, et nous ramènerons un *godden* (un Anglais) qui en mangera sa part. »

Elle partit avec une grande multitude de gens d'armes et de bourgeois. Elle se dirigea vers la porte de Bourgogne. Le sire de Gaucourt, grand maître de la maison du roi, la tenait fermée et refusait de l'ouvrir. « Vous êtes un méchant homme, lui dit Jeanne ; que vous le vouliez ou non, les gens d'armes vont passer. » Il ne fallait pas songer à mettre obstacle à ce mouvement populaire. Les soldats du sire de Gaucourt ne lui obéissaient plus ; ils obéissaient à Jeanne. On ouvrit la porte et on en força une autre à côté.

Tout ce monde traversa la Loire sur les bateaux et attaqua les Tournelles. Ce fort s'était mis en défense ; Glasdale y était enfermé avec cinq ou six cents hommes. Les assaillants amenèrent des canons, des coulevrines, les machines nécessaires. L'impulsion étant donnée, tout le monde se mit à l'œuvre avec ardeur, Dunois, La Hire, le maréchal de Rais, les sires de Gaucourt, de Graville, de Gontaut.

Les Français se précipitèrent à l'assaut si vaillamment, qu'il semblait qu'ils se crussent invulnérables, dit l'historien du siège. Ils furent repoussés cependant. Jeanne, se jetant dans le fossé, prit une échelle et l'appliqua au mur ; un trait la frappa entre le cou et l'épaule. On l'emporta loin du combat ; elle se désarma elle-même. La blessure était profonde, le trait passait par derrière : elle eut peur et fondit en larmes. Mais ce fut l'impression d'un instant ; elle retira elle-même le trait et consentit à ce qu'on mît de l'huile sur la plaie et qu'on étanchât le sang, mais non qu'on prononçât des paroles magiques, comme c'était l'usage alors. Elle remit ensuite son armure et courut rejoindre ses gens.

Cependant le soir approchait et l'on n'avançait pas. Il sembla à Dunois et aux autres capitaines que l'on n'emporterait point le boulevard ce jour-là, et il proposa de donner le signal de la retraite. Jeanne s'y opposa et affirma qu'on entrerait sans retard. Elle alla dans une vigne un peu à l'écart, se mit en prières, puis revint. Un gentilhomme basque avait en ce moment l'étendard de la Pucelle. Elle lui dit de l'approcher des remparts. « Dès que l'étendard touchera le mur, vous pourrez entrer. — Il y touche. — Eh bien, entrez, tout est vôtre. »

L'assaut recommence avec une nouvelle furie. Il paraît aux Français, emportés par un élan irrésistible, qu'ils montent « comme par un degré. » Les Anglais étaient en ce moment attaqués de deux côtés à la fois. Pendant que Jeanne et ses compagnons assaillaient le boulevard, les gens d'Orléans s'étaient élancés sur le pont, dont les Anglais avaient brisé une arche. En cherchant quelque objet pour rétablir le passage, on trouva une vieille gouttière qui n'était pas assez longue, il s'en fallait bien de trois pieds, mais à laquelle un charpentier ajouta une rallonge avec de fortes chevilles. Un chevalier de Saint-Jean, le commandeur de Gérème, osa passer là-dessus et fut suivi

Jeanne d'Arc attaquant les Tournelles.

de quelques hommes d'armes. On élargit le passage, et l'assaut est livré aux Tournelles.

Ainsi pressés des deux parts, les Anglais furent contraints de céder : en voyant ces flots de peuple, ils croyaient, dirent-ils ensuite, que le monde entier était rassemblé contre eux. Les uns voyaient saint Aignan, patron d'Orléans, les autres l'archange Michel combattre parmi leurs adversaires. Voulant abandonner le boulevard et rentrer dans la bastille, Glasdale et une trentaine des siens traversent un petit pont, qui est brisé par une bombarde, et les Anglais tombent dans la Loire, où ils se noient. Jeanne, émue de pitié à ce spectacle, s'écria : « Glacidas ! Glacidas ! rends-toi, rends-toi au Roi du ciel. Tu m'as injuriée ; mais j'ai grande *pitié de ton âme et de celle de tous les tiens.* »

Alors les Français entrèrent de toutes parts dans le boulevard et dans les Tournelles, qui furent conquis à la vue du comte de Suffolk, de Talbot et autres chefs anglais, qui ne montrèrent aucune envie de venir à leur secours. Les Français firent un grand carnage des ennemis. Sur le nombre de cinq cents chevaliers et écuyers, réputés les plus preux et hardis de tout le royaume d'Angleterre, avec d'autres traîtres français, on ne fit que deux

cents prisonniers environ. Les cloches furent son-
nées par le commandemant de la Pucelle, qui rentra cette nuit par le pont, comme elle l'avait an-
noncé; et on rendit grâces et louanges à Dieu dans
toutes les églises d'Orléans. Jeanne revint alors
au logis et donna des soins à sa blessure, puis,
après avoir bu un peu de vin et d'eau, suivant sa
coutume, elle alla reposer.

Le lendemain dimanche, 8 mai, les Anglais,
réduits aux bastilles du nord, abandonnèrent
celles-ci, leur artillerie, leurs malades, et opérèrent
leur retraite en bonne ordonnance, enseignes dé-
ployées. Les capitaines qui étaient dans la ville
firent une sortie pour surveiller ce mouvement des
ennemis. Jeanne, qui était accourue armée seulement d'un *jaseran* à cause de sa blessure de la
veille, s'opposa toutefois à ce qu'on les poursuivît.
Les Anglais étant encore en vue, elle fit apporter
dans la plaine une table et un marbre d'autel et
célébrer deux messes. Les messes achevées, elle
demanda à ses gens : « Que fait l'ennemi ? a-t-il
le visage ou le dos tourné vers nous ? » On lui
répondit qu'ils s'éloignaient et avaient le dos
tourné.. « Laissez-les aller, reprit-elle, il ne plait
pas à Messire qu'on les combatte aujourd'hui ; vous
les aurez une autre fois. »

Le menu peuple, sorti en foule de la ville, se précipita dans les bastilles et trouva beaucoup de richesses abandonnées. Les capitaines firent transporter les canons et les bombardes dans la cité, puis démolir ces forteresses. Pendant ce temps-là, La Hire, Ambroise de Loré, avec cent ou cent vingt lancés, suivaient les Anglais pas à pas l'espace de trois grosses lieues.

« Les Anglais, dit le Journal du siége, détenaient dans leur bastille un capitaine français nommé le Bourg du Bar, lequel était enchainé par les pieds de fers gros et pesants. Un moine augustin anglais, confesseur de Talbot, avait été chargé par celui-ci de veiller sur ce prisonnier, dont on espérait avoir bonne rançon. Le moine, lorsque les Anglais se retirèrent hâtivement, voulut emmener son prisonnier; il le mena le soutetenant par le bras jusqu'à la distance d'un trait d'arc, mais ils ne pouvaient suivre les autres. Le Bourg, voyant cela, saisit tout à coup l'augustin à deux poings, lui dit qu'il n'irait pas plus loin et menaça, s'il ne le portait jusqu'à Orléans, de lui faire déplaisir. Et quoi qu'il y eût toujours des ennemis aux alentours, le moine augustin dut le charger sur ses épaules et le porter jusqu'à Orléans, où il fut à son tour retenu prisonnier. »

Le siége durait depuis le 12 octobre 1428, c'est-à-dire depuis près de huit mois. Dix jours avaient suffi à la Pucelle pour délivrer la ville et porter un coup irréparable à la domination anglaise. Pour donner une idée de l'impression que produisit la délivrance de cette ville, il suffit de rappeler que le régent, le duc de Bedford, à la première nouvelle qu'il en reçut, crut que la ville de Paris allait lui échapper et se retira au château de Vincennes, où il appela des troupes de toutes parts, notamment les Bourguignons et les Picards, ses alliés; « mais il en vint fort peu, ajoute le chroniqueur, car ils se prirent à délaisser les Anglais, à les haïr et mépriser. »

Jeanne partit le mardi 10 mai pour aller trouver le roi au château de Loches, près de Tours; quand elle se présenta à lui, elle s'agenouilla et l'embrassa par les jambes en lui disant : « Gentil Dauphin, venez prendre votre noble sacre à Reims; je suis fort aiguillonnée que vous y alliez, et ne faites doute que vous y recevrez votre digne sacre. »

Charles VII entrait à Reims le 16 juillet 1429, et le lendemain était couronné et sacré ce roi à qui il était réservé d'expulser les Anglais de France.

QUELQUES MOIS

DE LA

VIE MILITAIRE DE LA HIRE

1434-1435

La Hire. — Poton de Saintrailles. — Antoine de Chabannes.

La Hire a laissé une réputation légendaire dans notre histoire. Il est, en effet, le meilleur type de ces capitaines qui devaient leur existence à la chevalerie en même temps qu'à la guerre civile. Moitié chevaliers, moitié pillards, à la fois généreux et âpres au gain, très-nobles et très-rusés, braves par-dessus tout, énergiques, hardis, sans cesse en mouvement, en batailles, en aventures, ils ont fait oublier à la postérité les parties sombres de leur vie. La grande part qu'ils ont prise au salut de la France, leur physionomie pittoresque, vigoureuse et vaillante, l'apparence naïve qu'ils doivent aux idées et au langage du temps, cette sympathie que nous ne pouvons refuser aux heureux et aux victorieux, nous empêchent de nous rappeler que ces preux chevauchaient fréquemment sur les frontières du brigandage. Ils ont sauvé le pays en le pillant un peu. Leur patriotisme consistant surtout en une haine violente contre les Anglais, cette haine était fort aiguillonnée par le désir de toucher de fortes rançons, et ils *robaient* dans les provinces françaises conquises par l'Anglais, avec un zèle aussi persévérant que s'ils eussent été en pleine Grande-Bretagne.

Ils sont là, en dessous des grands chefs de guerre, des Du Guesclin, Dunois, Clisson, Boucicaut, ils sont là une phalange de héros sans peur, mais non sans reproche, qui assistent à tous les combats; qui sont toujours les premiers aux grands coups d'épée, qui bondissent, qui triomphent dans les premières années du quinzième siècle, et à qui l'histoire sourit comme à des enfants gâtés. Enfants terribles et séduisants de la vieille terre de France! enfants cruels et consolants pour notre vanité nationale, à qui nous pardonnons tout parce qu'ils ont pris beaucoup de châteaux; parce qu'ils ont tué beaucoup d'ennemis et parce qu'ils représentent, sans grand souci de la morale, il est vrai, l'honneur militaire et la vie romanesque, Ambroise de Loré, Barbazan, le damoisel de Commercy, Poton de Saintrailles, le Bourg

de Vignolles et, à la tête, Étienne de Vignolles dit
La Hire !

Prenons ce capitaine et sa troupe pendant les
années 1434-1435, à l'époque où les Français com-
mencent à l'emporter sur leurs ennemis, où la hardiesse croît avec le succès. Leur existence pendant
cette année est l'enseigne de toute leur vie, et les
exploits de La Hire sont les exploits de tous. Avec
plus de bonheur peut-être, et de hardiesse, il représente toute la bande de ces chevaliers peu scrupu-
leux qui ont accompagné Jeanne d'Arc et achevé
l'œuvre commencée par elle.

La Hire vient de passer l'automne de 1433 à
courir les champs en compagnie de Renaud de
Longueval, Charles de Flavy, Antoine de Chabannes.
Nous le voyons partir de Beauvais ; ils sont en
Artois. Ils fourragent. Nous les retrouvons devant
Cambrai, puis aux environs de Laon. L'année commença mal. Poton est pris à Crespy en Valois, le
Bourg de Vignolles à Clermont en Beauvoisis. Mais
nous allons les revoir. La Hire, lui, est en compagnie
de Dunois et du connétable de Richemont. On
prend Ham-sur-Somme, et tous les habitants anglais
ou bourguignons du Vermandois et du Cambrésis
tremblent en sentant si près d'eux ces illustres
capitaines. On s'arrange toutefois, et pour quarante

mille écus La Hire restitue Ham au comte de Luxem
bourg.

« Peu de temps après, dit Monstrelet, La Hire,
accompagné de Antoine de Chabannes et du Bourg
de Vignolles, et d'environ deux cents combattants,
passa par-devant le château de Clermont en Beauvoisis, où était le seigneur d'Offemont, qui en était
capitaine, et que la venue de cette troupe n'effrayait
pas. Aussi, pour leur souhaiter la bienvenue, il fit
tirer du vin et le fit porter hors de la poterne de
la tour. Les Français y vinrent boire. Le seigneur
d'Offemont sortit avec trois ou quatre de ses gens
seulement et se mit à causer avec La Hire et les
autres, ne se défiant de rien. Mais il avait bien tort.
Car, en causant avec ce seigneur, La Hire sauta
lestement sur lui, le contraignit à lui rendre immédiatement ledit château, et le fit mettre aux fers et
jeter en prison. Il l'y tint un mois fort rigoureuse-
ment, jusqu'à ce que, très-maltraité et plein de ver-
mine, il consentit à donner pour sa rançon quatorze mille écus d'or, une provision de vingt queues
de vin ou quelque chose d'analogue. Et ce fut en
vain que le roi Charles écrivit plusieurs fois à La
Hire de le relâcher sans rançon.

« Après quoi, il assembla cinq cents combattants
des garnisons de Beauvoisis et les mena devant la

porte du château de Breteuil, que tenaient les gens de Saveuse. Il assaillit vigoureusement le château, qui fut bien défendu. Toutefois, l'assaut fut si souvent renouvelé, que ceux du dedans, voyant beaucoup de leurs compagnons morts et leurs murailles détruites, se rendirent à la volonté de La Hire. Il en fit pendre quelques-uns, mena les autres au château de Clermont, mit ses soldats dans Breteuil et alla ravager le Santerre, Amiens, Corbie, Montdidier et tous les environs. Quelque temps après, il prit d'emblée la vieille forteresse d'Amiens. Il y resta environ huit jours, et après qu'il eut pillé les biens qui y étaient, il s'en retourna à Breteuil. »

A l'entrée du mois de mai (1435), quelques-uns des compagnons habituels de La Hire, Bertrand Martel, Guillaume Braquemont, le seigneur de Longueval, Charles de Marets, se rassemblèrent sous la conduite de messire Jean de Bressay, lieutenant du maréchal de Rieux. Ils étaient environ trois cents gens d'armes, soldats d'élite et vaillants. Ils allèrent de nuit passer la Somme à la Blanche-Tache. De là, ils vinrent à la ville de Rue, où ils entrèrent sans bruit en escaladant les murailles. Ils prirent la ville sans coup férir. Quand les habitants commencèrent à crier alarme, sept ou huit Anglais se retirèrent en un boulevard. Mais après quelque défense, ils furent contraints de se rendre. On en tua prestement une partie. Le reste, qui paya grosse rançon, fut épargné. On prit aussi quelques-uns de ceux de la ville. D'autres se lancèrent par-dessus les murailles. On pilla la plus grande partie du bourg. Cette prise mit en effroi les habitants du Ponthieu, Marquenterre, Boulonnais. En effet, nos hommes commencèrent à courir partout, en mettant tout au feu et à l'épée.

« Quelque temps après, La Hire et les siens firent une trêve avec les Anglais et les Bourguignons, pour les pays du Vermandois. Il consentit, moyennant une grande somme de monnaie qu'il prit volontiers, à démolir le fort de Breteuil en Beauvoisis. Ses compagnons, se trouvant libres par ces trèves, allèrent, sous la conduite de Poton, du grand et du petit Blanchefort, au nombre de six cents environ, rejoindre leurs camarades à Rue.

« Tous ensemble, ils partirent de là pour courir le Boulonnais. Ils passèrent sans bruit à côté d'Étaples et poussèrent jusqu'à Desvres et Samer-aux-Bois. Là, ni en aucune autre portion du pays, on ne se doutait de leur venue. Ils trouvèrent les habitants tranquilles dans leurs maisons, les prirent, les lièrent, les emmenèrent prisonniers, avec

la meilleure part de leurs meubles. Ils mirent à
rançon, moyennant une grosse somme, la ville
et abbaye de Samer. Puis ils revinrent sur leurs
pas, en s'étendant par tout le pays, en le dévas-
tant, par le feu et l'épée, sans rencontrer grande
résistance.

« Après avoir brûlé plusieurs maisons en la ville
de Francq, et commis d'innombrables ravages dans
le Boulonnais, ils vinrent se reposer quelque temps
en la ville d'Étaples. Les bourgeois de cette ville,
s'étant réfugiés au château, refusèrent de payer
rançon ; nos hommes mirent le feu aux maisons en
partant. Ce fut dommage, car c'était une ville bien
peuplée et bien bâtie. De là, ils retournèrent à
Rue, où ils arrivèrent en sûreté, quoique Jean de
Croy, *les seigneurs de Créqui et de Humières,*
eussent assemblé trois cents chevaux pour les in-
quiéter. Mais les Français chevauchèrent avec tant
d'ordre, qu'on ne put les surprendre. Ils ne tardèrent pas à quitter de nouveau leur ville de Rue,
après s'être partagé le butin. Ils coururent vers
Dourlens et Hesdin. Ils brûlèrent plusieurs bourgs,
prirent une quantité de bons prisonniers, sans
compter les meubles portatifs. Ils revinrent ensuite
à Rue, d'où ils partirent souvent pour faire des in-
cursions sur les terres ennemies.

« Pendant ce temps, le duc de Bedford, qui était à Rouen, avait appris la prise de cette ville de Rue. Sachant le grand préjudice que cela portait aux partisans des Anglais, et craignant surtout pour la ville et forteresse du Crotoy, il écrivit au comte d'Arundell, qui occupait alors Mantes et le pays voisin. Il lui ordonna d'aller avec sa troupe assiéger la ville de Rue.

« Arundell, obéissant à ce commandement, se mit en chemin. En route, il apprit que les Français réparaient une grande vieille forteresse, nommée Gerberoy, entre Beauvais et Gournay, laquelle, si on la leur laissait refaire, serait fort dommageable au parti des Anglais. Aussi, le comte d'Arundell, sur le conseil des gens de Gournay et de Gisors, se résolut d'aller audit lieu de Gerberoy et de saisir tous ceux qui y étaient.

« Il fit donc à Gournay grande provision de vivres, munitions, artillerie. Il emmena avec lui une partie de la garnison et se mit en voie vers minuit. Il arriva à Gerberoy, vers huit heures du matin, avec une partie de ses gens; les autres suivaient avec le charroi. Il se logea dans un endroit clos de haies et posa cent ou cent vingt de ces hommes près de la barrière du château, pour empêcher ceux du dedans de sortir.

« Pendant qu'ils se logeaient, La Hire, Poton, Regnault de Fontaine, Philippe de la Tour et autres vaillants chevaliers qui étaient venus là, la nuit précédente, avec environ six cents hommes, agitaient la question de savoir s'il fallait attendre ou non les Anglais. On fit valoir qu'on était mal pourvu de vivres et de munitions, et l'on décida qu'il était plus sage d'aller au-devant du danger. On décida encore que trois des capitaines susdits, La Hire, Poton et Regnault de Fontaine, monteraient à cheval avec soixante cavaliers des mieux montés et que les autres hommes d'armes, archers et hallebardiers, resteraient à pied. Un petit nombre de Français demeureraient dans le fort pour le garder. On leur ordonna de se tenir cachés, afin que les Anglais ne pussent connaître leur nombre. Puis, chacun s'arma.

« Le guet que les Français avaient dans le château vint les avertir qu'on voyait arriver une grande troupe d'Anglais plus considérable que la première, et plus loin encore une autre troupe avec le charroi. Les Français se dirent qu'il était temps d'attaquer avant que les ennemis fussent tous réunis. Ils firent sortir sans bruit leurs gens de pied, que les Anglais n'aperçurent qu'en recevant leurs coups. Ces Anglais, surpris au moment où ils se préparaient à camper, furent déconfits. La plus grande partie fut tuée ou blessée.

« Les soixante cavaliers, qui étaient sortis pour empêcher le comte d'Arundell de secourir ses hommes, virent approcher la seconde troupe, qui avançait sans aucune défiance, sachant que son capitaine était à l'avant-garde. Les Français se précipitèrent au milieu, passèrent au travers, la rompirent, sans jamais lui permettre de se reformer, si bien que la plus grande partie se mit à fuir vers Gournay, tandis que le reste tombait sur le champ de bataille.

« La Hire poursuivit les fuyards pendant plus de deux lieues. Il tua là ou prit plusieurs Anglais. Pendant ce temps, les gens de pied s'étaient avancés vers Arundell ; celui-ci s'était retiré dans un coin du clos où il s'était logé, et là, ayant à dos des haies et devant des piquets, les gens de pied ne pouvaient l'aborder. Ils firent venir une couleuvrine du château. Au second coup, Arundell fut blessé à la cheville si durement, qu'il pouvait à peine se soutenir. La Hire revenait en ce moment.

« Quand il vit que la troupe du comte était intacte, il rassembla tout son monde et se jeta dans le retranchement. Rien ne résista, et peu de temps après tous les Anglais étaient morts ou pris. On

Les Anglais, surpris au moment où ils se préparaient à camper, furent déconfits.

trouva cent vingt prisonniers, deux cent quarante morts, le reste courut de son mieux. Après cette victoire, nos capitaines, en comptant leurs hommes, virent qu'ils n'avaient perdu que vingt hommes.

« Ils furent très-heureux de cette aventure, remercièrent dévotement le Créateur et retournèrent achever de fortifier leur château. Le comte d'Arundell, mené prisonnier à Beauvais, ne tarda pas à mourir de ses blessures. »

C'en est assez sur La Hire et ses compagnons. Nous avons voulu donner une idée de ce qu'était alors la vie militaire en France, depuis que les Anglais, avec leur froide cruauté, leur prudence, leur sens pratique et intéressé, avaient changé les anciennes conditions de la guerre chevaleresque.

LES ANGLAIS CHASSÉS DE PARIS

1436

Jean de Lallier et les bourgeois de Paris

Le mouvement commencé par le miraculeux héroïsme de Jeanne d'Arc n'avait pas été arrêté par sa mort. La domination anglaise devenait chaque jour plus restreinte, plus insolente, plus haïssable. La ville de Paris elle-même, qui avait reçu avec tant de joie les alliés de son bien-aimé duc de Bourgogne, ne supportait plus qu'avec fatigue leur tyrannie, depuis le moment où ce duc de Bourgogne avait passé au parti du roi de France. Les bons Français, ceux qui avaient été obligés de courber le front sous le joug féroce de la populace cabochienne, ceux qui, bien que forcés de se taire pour échapper aux fureurs des valets de la Grande Boucherie, avaient conservé le sentiment du patriotisme et des véritables intérêts de la France, ceux-là avaient maintenant beau jeu pour s'élever contre les *anciens ennemis*, les Anglais. Leur nombre croissait; leur critique, d'abord sourde et prudente, devenait de jour en jour plus franche et plus libre. Le peuple lui-même ne se sentait plus la même patience pour supporter les maux apportés par la guerre, qui rétrécissait chaque jour autour de Paris son cercle de dévastation.

Les gens de Charles VII étaient maîtres de Saint-Denis. Ils venaient poursuivre et exterminer les Anglais jusque dans les fossés de la grand'ville, et à côte de la bannière royale se montrait cet étendard à la croix de Saint-André, le drapeau bourguignon, dont la vue avait fait battre si tendrement le cœur de la population parisienne. Puis les Anglais perdaient ce prestige de la force, qui est si puissant sur la foule; ils n'avaient gardé de leur attitude triomphante que l'insolence, et l'on se raillait du régent Bedford, qui avait plutôt la tournure d'un chef de maçons que d'un chef de guerre.

« Environ quinze jours après la défaite des Anglais devant Saint-Denis, le connétable, dit Jean Chartier, fut duement informé que les meilleurs bourgeois de Paris avaient bon amour pour le roi. Volontiers se mettraient-ils en son obéissance, et ils l'eussent fait depuis longtemps, mais il leur fallait l'aide dudit connétable de Richemont. Ils craignaient fort, en effet, la garnison anglaise qui était à Paris, sous les ordres du seigneur Willough-by. Ils redoutaient aussi Louis de Luxembourg, évêque de Thérouenne, chancelier de France pour le roi d'Angleterre, et un chevalier nommé Simon Morhier, prévôt de Paris. »

Le jeudi après Pâques, 12 avril 1436, « Mgr le connétable, écrit Guillaume Gruel, partit bien matin de Saint-Denis. Il feignait d'aller à un rendez-vous donné à messire Jean de Luxembourg, et il agissait ainsi parce qu'il craignait que tous ses soldats ne voulussent venir avec lui, et parmi eux se trouvaient des pillards qui eussent pu mettre à mal la ville de Paris. Il laissa donc à Saint-Denis Mgr de La Suze, son lieutenant, Pierre du Pan, son maître d'hôtel, et tous les *routiers* indiscipinés. Il n'emmena que soixante lances.

« Il alla dîner à Pontoise. Il trouva là Mgr de Ternan, Mgrs de l'Ile-Adam et Varambon, et les gens du duc de Bourgogne qui se joignirent à lui. Il avait aussi donné rendez-vous, à Poissy, à Mgr le bâtard d'Orléans. De Pontoise, il envoya des soldats se mettre en embuscade aux environs de Notre-Dame-des-Champs. Ces soldats étaient quatre cents hommes

de pied, commandés par Mahé Morillon et Geof-
froi, son frère. Monseigneur était donc venu à
Poissy. Il quitta cette ville au soleil couchant,
s'arrêta un instant vers minuit pour manger un
peu. Il chevaucha toute la nuit. Un peu avant la
venue du jour, il arriva près du Vigneul, à une
grange qu'on nomme la Grange Dame-Marie. Au
lever du soleil, on prit les précautions convenues.
Et Dieu sait comme monseigneur et ses gens
tiraient vers Paris !

« Quand il en fut à une demi-lieue, il vit venir à
lui un émissaire qui lui dit que tout était découvert.
Monseigneur ne dit rien. Il continua sa route, ne
fût-ce que pour donner assistance à ses gens de
pied qui étaient en embuscade près de Notre-Dame-
des-Champs. Quelques-uns des cavaliers quittèrent
le gros de la troupe et tirèrent vers la Chartreuse,
pour mieux voir la ville. Immédiatement, un
homme se montra sur la muraille, auprès de la
porte des Chartreux. Il agita un chaperon. Sans
trop savoir ce qui en était, on approcha et
l'homme dit :

« — Allez à l'autre porte, car celle-ci est bou-
chée. » Et il ajouta : « On besogne pour vous aux
halles. »

« De là, on tira vers la porte Saint-Jacques. Bientôt arriva Henri de Ville-Blanche, qui portait la bannière royale. Ceux qui gardaient la porte demandèrent qui était là. On répondit que c'était Mgr le connétable. Ils demandèrent à lui parler. Il s'approcha et monta sur un beau cheval, avec une noble et gracieuse apparence. On leur dit que c'était le connétable. Il leur parla. Ils lui demandèrent s'il était décidé à accorder le pardon promis aux Parisiens par le roi. Il dit que oui. Alors ils ouvrirent la planche, monseigneur entra. Il leur toucha la main et jura de garder la promesse faite. Aussitôt, il fit entrer par la planche les gens de pied, tandis que l'on rompait les serrures du pont. Cela fait et la porte abattue, monseigneur monta à cheval, entra dans la ville. Il descendit la rue Saint-Jacques jusqu'au Petit-Pont et au delà de la porte Notre-Dame. Là, il rencontra Michel de Lallier, qui devint prévôt des marchands. Il avait une bannière royale à la main, une bannière en tapisserie. »

Que se passait-il dans la ville pendant que le connétable y entrait par l'une des portes? C'est ce que nous apprendra le Journal du Bourgeois de Paris:

« Le vendredi d'après Pâques, le comte de Richemont, le bâtard d'Orléans, le seigneur de l'Ile-Adam et plusieurs autres vinrent droit à la porte

Saint-Jacques. Ils parlèrent aux portiers, en disant :

« Laissez-nous entrer dans Paris paisiblement, ou bien vous serez tous tués par famine, par misère ou autrement.

« Les gardes de la porte regardèrent par-dessus les murailles et ils virent tant de soldats, que cela les émut, car ils ne croyaient pas que toute la puissance du roi Charles pût rassembler la moitié autant de soldats qu'ils en voyaient là. Ils eurent peur, redoutèrent la fureur de tous ces gens de guerre et consentirent à les introduire dans la ville. Le premier qui entra fut le seigneur de l'Ile-Adam. On fit glisser le long de la muraille une grande échelle où il monta. Il mit la bannière de France sur la porte, en criant : Ville gagnée ! Le bruit s'en répandit immédiatement parmi le peuple, qui prit immédiatement la croix blanche du roi, ou la croix de Saint-André de Bourgogne.

« L'évêque de Thérouenne, voyant cette besogne ainsi tourner, rassembla le prévôt, le seigneur Willoughby et tous les Anglais qui s'étaient armés. D'autre part, les bourgeois de Paris étaient encouragés par un bon bourgeois, nommé Michel Lallier, et par quelques autres qui étaient les chefs de ce mouvement. Ceux-ci firent armer le peuple et se rendirent à la porte Saint-Denis. Ils se trouvèrent bientôt trois ou quatre mille hommes réunis, tant de Paris que des gens des villages voisins, lesquels avaient une telle haine contre les Anglais et leurs chefs, qu'ils ne demandaient que leur extermination.

« Pendant qu'ils gardaient cette porte, les chefs avaient rassemblé leurs Anglais et les avaient divisés en trois bandes, commandées, l'une par le sire Willoughby, l'autre par l'évêque et le prévôt, la troisième par Jean l'Archer, lieutenant du prévôt, un des plus cruels chrétiens du monde, et de plus un gros vilain, laid comme un crétin. Comme on redoutait fort le soulèvement des halles, ce fut là que se dirigea le prévôt. En chemin, il rencontra un très-bon marchand, son compère, nommé Le Vavasseur, qui lui dit :

« —Monsieur mon compère, ayez pitié de nous. Car je vous promets qu'il nous faut aujourd'hui faire la paix ; sinon, nous sommes tous détruits.

« —Comment, maître, dit le prévôt, as-tu déjà tourné casaque ?

« Et, sans en dire plus, il le frappe de son épée au travers du visage, l'abat et le fait achever par ses compagnons. Le chancelier et ses gens allaient par la rue Saint-Denis, tandis que Jean l'Archer et sa troupe prenaient par la rue Saint-Martin. Ils avaient au moins chacun deux ou trois cents hommes armés, et ils criaient plus horriblement qu'on n'a jamais entendu des hommes crier :

« — Saint Georges ! Saint Georges ! Traîtres Français ! Vous êtes tous morts !

« Et ce maudit l'Archer criait qu'on tuât tout. Mais ils ne trouvèrent personne dans les rues, sinon en la rue Saint-Martin, en face de Saint-Merry, un nommé Le Prêtre, et un autre, Jean des Croustes, deux hommes d'honneur et petits marchands, qu'ils occirent par plus de dix blessures. Après quoi, toujours hurlant, tirant aux fenêtres avec leurs flèches, surtout au bout des rues, ils continuèrent leur chemin. Mais les chaines tendues dans Paris les gênaient fort. Ils arrivèrent pourtant à la porte Saint-Denis. Mais là, ils furent bien accueillis. Quand ils virent une si grande foule et qu'ils eurent reçu une volée de quatre ou cinq canons, ils s'émurent, ils se sauvèrent le plus vite qu'ils purent dans la direction de la porte Saint-Antoine et s'enfermèrent dans la forteresse.

« C'est alors que chevauchaient dans Paris le connétable et les autres seigneurs, aussi doucement que si de leur vie ils n'avaient quitté la cité. Quand ils entrèrent et qu'ils virent qu'on avait rompu la porte Saint-Jacques pour les introduire, ils furent mus de tant de pitié et de joie, qu'ils ne purent

...Ils se sauvèrent le plus vite qu'ils purent.

s'empêcher de pleurer. Le connétable disait aux habitants :

« — Mes bons amis, le roi Charles vous remercie cent mille fois, et moi, en son nom, de ce que si aisément vous lui avez rendu la maîtresse cité de son royaume. Tous ceux, de quelque état qu'ils soient, qui se sont mal conduits envers Mgr le roi, de quelque façon que ce soit, tous peuvent être assurés qu'ils sont pardonnés.

« Et immédiatement, avant de descendre de cheval, il fit proclamer à son de trompe que nul, sous peine d'être pendu par la gorge, ne s'enhar-dît à entrer chez les bourgeois et artisans malgré eux, à leur reprocher les fautes passées, à piller nulle autre personne que les soldats anglais. Pour cela, le peuple de Paris prit le connétable en une telle tendresse, que dès ce jour il n'y eut pas un homme qui n'eût aventuré sa vie et sa fortune pour la destruction des Anglais.

« Après cette proclamation, on alla par les hô-telleries chercher les Anglais. Ceux qu'on trouva, on les pilla et les mit à rançon. Aussi pilla-t-on quelques bourgeois qui s'étaient enfuis avec le chancelier dans le fort de la porte Saint-Antoine. Mais on ne tua personne de quelque nation, de

quelque état que ce fût, et quelque crime contre le
roi qu'on eût commis.

« Dès le lendemain, l'abondance revint dans la
ville. On ouvrit le vieux marché de la Madeleine,
qui était fermé depuis vingt ans, et ce jour-là on
eut sept œufs pour un blanc, tandis que la veille
on n'en avait que cinq pour deux blancs. Il en fut
de même en tout.

« Quant aux Anglais enfermés à la porte Saint-
Antoine, après quelques jours de siége, on leur ac-
corda la vie sauve. Jamais gens ne furent autant
moqués et hués que ceux-là, surtout le chevalier,
le lieutenant du prévôt, le maitre des bouchers, et
tous ceux qui étaient les plus coupables de l'op-
pression dont avait été longtemps accablé le pauvre
peuple. Car jamais les Juifs, quand on les mena
captifs en Chaldée, ne furent plus maltraités que ne
l'avait été le peuple de Paris. Personne n'osait
sortir sans permission ; les Anglais disaient à ceux
qui demandaient un passe-port : Allez en tel endroit, revenez à telle heure ou ne revenez plus. Nul
n'osait monter sur les murailles, sous peine d'être
pendu. Le peuple, quelque travail qu'il fît, n'était
pas payé. Ces gens-là étaient parmi nous, non
comme des gens qui veulent rester, mais comme
des tyrans. Le régent Bedford seul laissait travail-

ler. C'était sa manie de faire maçonner en quelque endroit qu'il se trouvât. Il avait un tempérament contraire à celui de ses compatriotes, car il voulait la paix avec tout le monde, tandis que les Anglais, par l'instinct de leur nature, cherchent, toujours et sans raison, querelle à leurs voisins. Aussi meurent-ils tous misérablement. On en avait tué en France, en peu de temps, plus de soixante-seize mille. »

BATAILLE DE FORMIGNIES

1450

Le connétable de Richemont

En l'an 1448, les trêves conclues entre les rois de France et d'Angleterre avaient été rompues, du fait des Anglais, par l'attaque inattendue, la prise et le sac de la ville de Fougères, dans le duché de Bretagne, près des frontières de Normandie. Charles VII, malgré son désir de conserver la paix, avait été forcé, par l'opinion de ses conseillers, de déclarer la guerre. Il s'était assuré l'alliance du duc de Bretagne, et Français et Bretons s'étaient mis aux champs, dans le courant de l'été 1449, pour conquérir le duché de Normandie.

De telles guerres ne ressemblent pas aux expéditions modernes. Elles présentent toujours à nos yeux quelque chose d'indiscipliné, d'aventureux. Elles consistent en une série de petites escarmouches, où chaque capitaine, courant le pays un peu à sa fantaisie, pillant les partisans de l'ennemi, assiégeant, saccageant au hasard les villes tenues par les adversaires, et, sans plan d'ensemble, dressant des embuscades, incendiant, ravageant, massacrant, se trompait parfois sur la couleur politique des hommes riches ou des châteaux peu fortifiés qu'il rencontrait. Les conducteurs de bandes obéissaient à celui des capitaines qu'ils estimaient le plus, et ce n'était que dans les circonstances graves, quand une grande bataille se préparait, que les divers chefs de troupes quittaient leurs châteaux, leurs villes, leurs campements pour se réunir sous la bannière de celui qu'on nommerait aujourd'hui le général en chef.

Ainsi, c'est le comte de Clermont qui est nommé par le roi Charles VII pour diriger cette campagne de Normandie. C'est Arthur de Richemont, connétable de France, qui gagne la bataille de Formignies. Mais jusqu'à cette bataille, ces grands personnages n'apparaissent guère. Jusque-là il s'agit de prendre aux Anglais le plus possible de villes, de châteaux, de prisonniers, et chaque commandant d'une troupe d'archers ou d'hommes d'armes quitte le gros de l'armée et va à l'aventure.

Jean de Brézé prend Pont-de-l'Arche; Dunois s'empare de Verneuil. Au mois d'août on se réunit,

Français et Bretons, au nombre de cinq mille, pour conquérir Pont-Audemer. Dunois prend Lisieux, Mantes. Pierre de Brézé gagne le château de Loigny. Robert Floquet, bailli d'Évreux, met le siége devant Vernon. Guillaume Chenu, capitaine de Pontoise, emporte le château de Dangu. Gournay se rend au comte de Saint-Paul ; le château d'Harcourt à Dunois ; la Roche-Guyon au maréchal de Jalogne ; Fécamp à la garnison de Dieppe ; Touques à M. de Blainville ; Argentan à Dunois. Pendant que le roi, réunissant sous ses ordres les troupes de ces divers chefs et d'autres encore, met le siége devant Château-Gail-lard, qui passe pour imprenable, le duc d'Alençon prend la ville de Fresnay. Château-Gaillard se rend ; le roi va assiéger Rouen (octobre 1449), qui est pris avec l'aide des vaillants bourgeois de la ville. Bel-lême, Harfleur, Honfleur sont réduites. Pendant ce temps, le duc de Bretagne avait repris Fougères et quelques autres villes.

Les Anglais, voyant ces succès, envoyèrent trois mille hommes qui débarquèrent à Cherbourg pendant le carême de l'an 1450. Ils étaient commandés par un capitaine de grand renom que l'on appelait Thomas Kyriel. Celui-ci prit immédiatement l'offensive et vint mettre le siége devant Valognes, dont il s'empara, malgré la vigoureuse défense d'Abel

Rouault. Robert Vère, avec la garnison de Caen; Mathieu Gough, avec celle de Bayeux; Henry Marbery, avec celle de Vire, s'étaient joints à Thomas Kyriel et lui faisaient un corps d'à peu près sept mille hommes, ce qui était, pour le temps et la circonstance, une armée importante. Elle devait décider du sort de la domination anglaise dans la Normandie, l'affermir, si elle était victorieuse. Sinon, la délivrance commencée par Jeanne d'Arc, qui avait enlevé au patriotisme toute hésitation et à la masse française la crainte des Anglais, serait achevée et définitivement accomplie.

Avant la prise de Valognes, Charles VII avait chargé Mgr de Clermont, fils aîné du duc de Bourbon, d'aller secourir cette ville. Celui-ci avait rassemblé en hâte un corps d'environ deux mille hommes où se trouvaient un certain nombre de chevaliers renommés : le seigneur de Montgascon, fils aîné du comte de Boulogne; le comte de Castres; le cadet d'Albret; le seigneur de Retz, amiral de France; le sénéchal de Poitou, Caleville; le seigneur de Chabannes, sénéchal du Bourbonnais; les seigneurs de Mauny et de Mouy; Robert Cunnigham, Écossais; Geoffroy de Couvran; Joachim Rouault; Olivier de Bron, et plusieurs autres chevaliers.

Cette troupe apprit avec « grand courroux » que Valognes avait été forcée de se rendre et que les Anglais, quittant ladite ville le douzième jour d'avril 1450, se dirigeaient vers Caen et Bayeux.

« Ce qu'ayant su, Geoffroy de Couvran et messire Joachim Rouault, dit Jean Chartier, se séparèrent de ladite troupe, qui était pour lors à Carentan, avec grand désir et volonté d'avoir combat avec les Anglais. Les deux chevaliers se mirent aux champs. Ils chevauchèrent tellement qu'ils trouvèrent leur piste. Alors, quoiqu'ils eussent peu de gens avec eux, néanmoins, comme preux et hardis cavaliers qu'ils étaient, ils allèrent vaillamment donner sur l'arrière-garde des ennemis et en tuèrent plusieurs. Puis ils se retirèrent et allèrent avertir le comte de Clermont que l'armée anglaise se dirigeait vers le gué de Saint-Clément. »

Maintenant il nous faut interroger Mathieu de Coucy, qui raconte plus clairement les engagements du 14 avril, veille de la bataille de Formignies :

« Mgr de Clermont avait délogé de son poste de Carentan. Il envoya quatre-vingts à cent lances et les archers dont Pierre de Louvain eut la charge, vers ledit gué, afin de défendre le passage. Arrivés là, les Français descendirent à pied, et une partie, tant archers qu'hommes d'armes, se mirent très-avant dans l'eau. Les Anglais en firent autant pour gagner ce passage. Il y eut là au milieu de l'eau un grand combat, et quand les Français se voyaient trop chargés et trop pressés, ils se retiraient vers leurs compagnons qui étaient restés sur le bord. Enfin ils furent obligés de quitter ce lieu du combat. Mais les Anglais, quoique maîtres du lit de la rivière, ne purent encore passer. Ils firent alors monter une partie de leurs archers de pied derrière ceux de cheval jusqu'à ce qu'ils eussent dépassé le plus profond de l'eau; puis quand ils virent qu'ils avaient pied, ils les firent descendre et tirer vigoureusement contre les Français.

« C'est là qu'il fut fait grande vaillance d'armes et que l'escarmouche dura longtemps. Mais enfin force fut aux Français de remonter à cheval et de reculer en abandonnant le passage. Ils allèrent se loger au village de Trévières. Le comte de Clermont envoya en hâte vers le connétable de Richemont pour lui apprendre ces nouvelles, en le priant de se trouver le lendemain de grand matin avec sa troupe sur le chemin de Carentan à Bayeux. Il lui demandait que le premier arrivé attendît l'autre, ajoutant que, quant à lui, malgré la grande différence des forces, il était décidé à attaquer les Anglais.

« En effet, le lendemain de grand matin, le comte rangea sa petite armée en bel ordre sur ce chemin. Il envoya vingt lances, commandées par Audet d'Eudin et Caleville, en guise de coureurs pour découvrir la position exacte des ennemis. Ceux-ci étaient en train de déloger du village de Formignies.

« Quand ils aperçurent ces coureurs, ils se rassemblèrent et arrêtèrent leur mouvement en avant, doutant toutefois que les Français eussent l'intention de les combattre. Ils furent bientôt renseignés là-dessus en apercevant l'avant-garde, commandée par l'amiral de France. »

Quoiqu'ils fussent déjà de beaucoup plus nombreux, ils envoyèrent chercher Mathieu Gough, qui les avait quittés pour se rendre à Bayeux et qui se hâta d'accourir avec le plus grand nombre de soldats qu'il avait pu tirer de cette place. On lui donna, ainsi qu'à messire Robert Vère, le commandement de l'aile qui s'appuyait sur un ruisseau proche d'un pont et qui contenait environ mille cavaliers.

« Là, dit Jean Chartier, furent les combattants l'un devant l'autre bien l'espace de trois heures, toujours s'occupant en escarmouches. Pendant cela les Anglais (qui, quoique plus du double en nombre, trouvaient qu'on n'a jamais trop d'avantage

contre ses ennemis et que la bataille n'est pas affaire de chevalerie ni de générosité, mais de gain),
les Anglais creusaient, par le moyen de leurs da-
gues et de leurs épées, de grands trous et fossés
en terre, afin que ceux qui les assailleraient pussent tomber dedans avec leurs chevaux.

« Ils s'étaient placés en avant de jardins pleins
de pommiers, de poiriers et autres arbres, afin
qu'on ne les pût surprendre par derrière. Ils
avaient aussi, environ à un trait d'arc, toujours
derrière eux, une petite rivière (celle sur laquelle
Mathieu Gough appuyait sa cavalerie), et entre eux
et ce ruisseau d'autres jardins pleins d'arbres. On
ne pouvait ainsi les attaquer à dos. »

La situation est donc bien indiquée : six mille
hommes au moins contre trois mille environ. Les
six mille hommes appuyaient leur corps de bataille
sur les plants fourrés du bocage normand, défendant l'une de leurs ailes par un ruisseau et forti-
fiant l'autre de petites fosses et pieux rangés en
terre. Thomas Kyriel commandait le corps de bataille à environ un trait d'arc en avant de Formignies.

« Alors, raconte Mathieu de Coucy, s'approcha
d'eux le comte de Clermont avec son armée jusqu'à
environ trois traits d'arbalète. Là il fit mettre ses

archers à pied. Les hommes d'armes demeurèrent
à cheval, excepté le seigneur de Mauny, qui avait
charge de conduire ce corps dans la direction du
ruisseau. Cela fait, le comte de Clermont envoya
entre les deux corps d'armée, pour escarmoucher,
environ cinquante à soixante lances et deux cents
archers, afin d'entretenir et amuser les Anglais jusqu'à la venue du connétable que l'on espérait voir
arriver d'heure en heure. Cette troupe avait aussi
mission de garder des coulevrines qui tiraient sur
le corps d'armée ennemi et lui causaient grand
dommage.

« Quand Mathieu Gough vit ses soldats ainsi dé-
cimés par ces coulevrines, il lança contre elles un
corps de six cents archers qui se précipita avec tant
d'ardeur et décocha une telle quantité de traits que
force fut aux Français d'abandonner leur artillerie
et de se retirer en désordre jusqu'au corps de bataille du comte de Clermont. »

Celui-ci, voyant l'infériorité de ses forces, la tournure que prenait la bataille, et connaissant qu'une
défaite aurait pour résultat de faire perdre tout le
terrain gagné par plusieurs mois de triomphes conti-
nus, attendait avec anxiété l'arrivée du connétable.

C'est à Guillaume Gruel, le biographe d'Arthur
de Richemont, que nous devons demander ce que

devenait celui-ci. Le duc de Bretagne et ses conseillers, une fois reprises les villes bretonnes que les Anglais avaient enlevées, étaient retombés dans les errements de leur politique traditionnelle et paraissaient uniquement préoccupés de la crainte de donner trop de puissance au roi de France en l'aidant franchement.

« Quant mondit seigneur le connétable vit cela, il prit congé du duc et s'en alla, accompagné de Mgr de Laval, de Mgr le maréchal de Lohéac, de Mgr Jacques de Saint-Pol, de Mgr de Boussac, de Mgr d'Orval et de plusieurs gens de sa maison, où il y avait belle et bonne compagnie. Plusieurs des conseillers du duc le conduisirent, et il dit à l'un d'eux :

— Jamais je n'ai été empêché de faire une belle besogne comme cette fois.

« Et celui-là lui répondit en gémissant : — Je sais, monseigneur, que vous ne combattrez pas.

« Alors monseigneur lui dit : — Je fais vœu à Dieu que je les verrai, ces Anglais, avant de retourner sur mes pas.

« Il continua sa route et alla coucher à Granville et le lendemain à Coutances. Là il eut des lettres de Mgr de Clermont, du comte de Castres, de l'amiral de Coëtivy et du grand sénéchal. On lui écrivait que les Anglais avaient pris Valognes et

Bataille de Formignies.

qu'il ferait sagement de se diriger sur Saint-Lô. Ce n'était pas l'avis de monseigneur. Il le fit toutefois, et arriva à Saint-Lô le 14 avril. Dans la nuit, il vint à lui un poursuivant d'armes qui l'avertit que les Anglais, malgré les efforts des Français, avaient passé le gué, se dirigeant vers Bayeux. On le priait de se rendre à Trévières, où on le rejoindrait, en ajoutant toutefois qu'on chargerait toujours les Anglais en l'attendant.

« Au point du jour, mondit seigneur fut le premier qui entendit appeler le guet. Il fit ouvrir la porte, sonner ses trompettes pour monter à cheval, s'arma soigneusement et alla entendre la messe à une église de Saint-Lô. Après quoi il monta à cheval à la porte de l'église et partit n'ayant pas six hommes avec lui. Il chevaucha à peu près une lieue. Ses hommes l'ayant rejoint, il s'arrêta pour les mettre en bataille et distribua les commandements.

« Il envoya le bâtard de la Trémouille à l'extrême avant-garde avec une vingtaine de lances, suivit l'avant-garde où se trouvaient Mgr Jacques de Saint-Pol, Mgr de Lohéac, Mgr de Boussac et leurs archers. A la tête de ses archers il mit messire Gilles de Saint-Simon, messire Jean et Philippe de Malestroit. Il confia la garde de son camp à plusieurs gentils-hommes, Regnaud de Voluire, Pierre du Pan, Yvon de Tréenna, Jean Budes, Hector Meriadec, Jean du Bois, Colinet de Lignières et Guillaume Gruel. Il organisa son arrière-garde, et toute l'armée chevaucha en belle ordonnance. »

Il arriva bientôt non loin du champ de bataille, à Trévières. C'est à ce moment que les archers français, reculant devant les Anglais, laissaient prendre les coulevrines et eussent fait perdre la bataille si les gens d'armes n'avaient tenu bon.

« Alors le dit Mathieu Gough vit venir du côté de Saint-Lô une troupe française de deux cents lances et de huit cents archers qui descendait d'une montagne, passant à côté d'un moulin à vent, en fort belle ordonnance, laquelle marchait toujours et toujours s'avançait pour venir fondre sur lui et ses gens... En effet, quand Mgr le connétable était arrivé au moulin, il avait vu la situation du combat. Il fit partir promptement une partie de son avant-garde et de ses archers qui vinrent prendre en queue les Anglais engagés avec notre artillerie et en tuèrent bien cent vingt. Puis monseigneur, précédé de ces archers, vint longer le corps de bataille des Anglais qui s'avancèrent. Mais Mgr de Clermont, Mgr de Castres, Mgr le grand sénéchal, messire Jacques de Chabanne, Joachim Rouault, messire Geoffroy de Couvran, Olivier de Bron, Odet d'Aydie,

Jean de Rostrenon et tout le corps français vinrent se joindre aux Bretons. Il y eut un temps d'arrêt. Alors Mgr le connétable dit à l'amiral : — Allons, vous et moi, voir la contenance de ces Anglais.

« Il mena l'amiral entre les deux corps d'armée et lui demanda :

« — Qu'en pensez-vous, monseigneur l'amiral? Comment les devons-nous prendre, en queue ou au centre ?

« Alors l'amiral répondit à mondit seigneur qu'il craignait bien qu'ils ne demeurassent cachés derrière leurs fortifications.

« — Je fais vœu à Dieu, s'écria le connétable, qu'ils n'y demeureront pas.

« Après quoi, continue Jean Chartier, le connétable fait marcher Gilles de Saint-Simon, messires Jean et Philippe de Malestroit, messire Anceau Gaudin et le bâtard de la Trémouille, vaillant chevalier, avec ses archers, droit au pont qui était là sur la rivière. Bientôt après, Mathieu Gough et Robert Vère, avec mille Anglais, s'enfuirent comme épouvantés jusqu'à Caen et Bayeux.

« Les archers ayant forcé ce passage, les gens d'armes passèrent le pont et l'armée française vint se reformer en ordre de bataille de l'autre côté de la rivière. Une partie des archers du connétable descendit à pied au bout de ce pont, donna sur l'aile d'en bas de l'armée anglaise et la défit. Après quoi Kyriel fit rétrograder son corps de bataille jusqu'au plus près du ruisseau et du village. Le connétable et le comte de Clermont étant passés, le grand sénéchal vint demander la permission d'aller attaquer l'aile d'en haut, qui était abritée par les fortifications dont nous avons parlé. Le connétable, après un instant de réflexion, dit qu'il était content que cela se fît. Cette permission étant donnée, ledit messire Pierre de Brézé chargea si furieusement les Anglais qui étaient là qu'ils furent défaits et presque tous tués.

« Pour lors les Français s'avancèrent en bon ordre jusqu'auprès du village. Les Anglais, commençant à craindre pour le résultat de l'affaire, se reculèrent encore. Mais ils furent assaillis furieusement par toutes les compagnies des Français.

« Là on combattit vaillamment de part et d'autre. Mais quoique les Français, au rapport des hérauts, qui sont les véritables et naturels historiens de toute bataille, ne fussent que trois mille combattants et les Anglais de six à sept mille, néanmoins, par la grâce et miséricorde du souverain Dieu des armées, ces Anglais furent là totalement déconfits. Au rapport des hérauts, des prêtres, des bonnes gens qui se trouvaient là, on tua sur le champ de bataille et on enterra sur place trois mille sept cent soixante-quatorze Anglais. On y fit prisonniers Thomas Kyriel, Henry Norbery, Thomas Radfort, Thomas Drewe, Thomas Kirkby, Christophe Aubercon, Jehan Arpel, Helix Alengour, Janequin Batcheler, Gobert Caneville et plusieurs autres capitaines et gentilshommes anglais portant cotte d'armes. D'autres, se conformant au langage vulgaire disant : « Mieux vaut bonne fuite que mauvaise attente, » s'enfuirent et, ayant le cœur failli, abandonnèrent leurs compagnons. Parmi ces derniers je citerai Mathieu Gough, Robert Vère, Henry Lours ou Loys, maître Meillars ou Merlain. On estime à douze ou quatorze cents le nombre des prisonniers.

« Ainsi par la vertu divine furent déconfits les Anglais, et, chose plus merveilleuse, il n'y eut que huit morts parmi les Français.

« En ce jour se comporta vaillamment et chaleureusement, sans vouloir blâmer les autres, Mgr de Sainte-Sevère; comme aussi fit messire Pierre de Brézé, sénéchal de Poitou, lequel, entre tous, se conduisit avec hardiesse: car les Anglais chargèrent si hardiment sur ses gens et sur ceux du bailli d'Évreux, commandés par Mgr de Mauny, qu'ils prirent, comme nous l'avons dit, deux coulevrines. Alors Pierre de Brézé et ses gens descendirent de cheval et donnèrent si rudement sur les ennemis qu'ils les repoussèrent de la longueur de quatre lances environ. A cette seule attaque il y eut deux cents Anglais de morts. Le sénéchal recouvra ainsi ces deux coulevrines.

Cette victoire fut, nous l'avons dit, comme le signal de la défaite définitive des Anglais et de leur expulsion de l'ouest de la France. Cette même année 1450, au mois d'août, après la prise de Cherbourg, « fut conquesté tout le duché de Normandie, qui a bien six grosses journées de long et quatre de large, qui contient six evesçhez et un archevesché et cent villes ou chasteaux, sans compter celles qui ont esté démolies par la fortune de la guerre. »

SIÉGE DE BEAUVAIS

1472

Les femmes de Beauvais

Charles le Téméraire était parvenu à reformer, plus formidable que jamais, la ligue du Bien Public, c'est-à-dire la ligue de la féodalité contre l'unité de la France. Il ne cachait pas ses desseins et disait, avec un sentiment sincère peut-être, mais qui semble aujourd'hui une amère ironie : « J'aime tant la France qu'au lieu d'un roi j'y voudrais en voir six. » Ce nouvel et suprême effort de la grande féodalité paraissait devoir, en effet, amener ce résultat. Le duc de Guyenne, frère du roi, le comte de Foix, héritier de la Navarre, le roi d'Angleterre, enlevaient à l'autorité royale presque tout le Midi ; à l'est, au nord, à l'ouest, le duc de Savoie, beau-frère de Louis XI ; Nicolas d'Anjou, duc de Calabre et de Lorraine ; Charles de Bourgogne, les Anglais là encore, et le duc de Bretagne, menaçaient de resserrer la monarchie dans cette Ile-de-France, son primitif et étroit berceau.

La mort du duc de Guienne vint renverser en partie les plans de cette ligue de la pairie française contre la France. Charles le Téméraire, furieux et accusant le roi d'avoir empoisonné son frère, se jeta sur la Picardie, sans déclaration de guerre et sans attendre la fin de la trève. Il avait avec lui la plus belle armée qu'il eût jamais mise sur pied, et était animé d'une rage plus grande encore que celle qui l'avait mené devant Liége.

Il avait commencé par assaillir Nesle, par la maltraiter après capitulation et par faire égorger cinq cents francs-archers, à qui il avait promis la vie sauve. « Et, dit Jean de Troyes, après qu'ils eurent ainsi été tués, le duc de Bourgogne vint dans l'église où on les avait égorgés ; il les vit tout nus, gisant morts au milieu d'une mare de sang d'un demi-pied de haut. Il dit qu'il voyait de belles choses et qu'il avait de bons bouchers. »

Il emporta ensuite Roye, où il y avait une garnison de plus de trois mille hommes, et vint devant Beauvais, le 27 juin 1472. Les habitants de cette ville venaient d'apprendre le massacre de Nesle. Ils appartenaient à cette vieille et forte race de bourgeois, fiers de leur organisation municipale, et qui, se battant depuis Bouvines pour la royauté et l'unité de la France, voyaient volontiers dans Louis XI un roi selon leur cœur, et dans Charles de Bourgogne le pire de leurs ennemis.

« Environ à sept heures du matin, le samedi, raconte une relation anonyme contemporaine, les Bourguignons arrivèrent devant la ville. Un héraut vint sommer les habitants de se livrer. On ne le laissa pas venir plus près qu'à un jet d'arbalète de la ville, et on n'écouta pas sa sommation. Soudain, les ennemis livrèrent deux assauts, l'un à la porte de Bresle, qu'on appela plus tard, en souvenir du siége, la porte Brûlée, et l'autre à la porte du Limaçon, située derrière le palais épiscopal, mal fortifiée, mais défendue par des eaux vives, et éloignée de la première porte de plus d'un jet d'arbalète. Outre ces deux assauts, les Bourguignons attaquaient les murailles de la moitié de la ville, et surtout celles qui étaient situées entre ces deux portes.

« Ils étaient aux nombre de plus de quatre-vingt mille. Les habitants, au contraire, qui ne s'attendaient pas à être assiégés, n'avaient aucun homme d'arme, si ce n'est quelques hommes de l'arrière-ban qui, avec leur chef Louis Gommel de Balagny, s'étaient réfugiés à Beauvais après la prise de Roye, et, comme c'était ce Balagny qui avait rendu, assez vite, cette ville aux Bourguignons, les habitants de Beauvais se défiaient de lui.

« A huit heures du matin donc, les Bourguignons, après avoir sonné de la trompette, se précipitèrent contre les deux portes susdites. Nos affaires commencèrent par aller mal ; un vieux chevalier bourguignon, qu'on nommait Jacques de Montmartin, et qui commandait cent lances et trois cents archers d'ordonnance, s'empara d'un fort qui faisait la clôture des faubourgs. Ce fort, nommé le Deloy, défendait, à l'aide de plusieurs tourelles, le pont de pierre. Les ennemis commencèrent à crier : ville gagnée !

« Ce fort avait été défendu par Balagny, accomgné de quinze à seize bourgeois de la compagnie des arquebusiers. On s'y rendait par une petite porte de la ville qu'on s'empressa de boucher, et en traversant la planche des jardins de l'évêque. Ce fut par là que les défenseurs de Deloys furent obligés de se retirer après la prise du fort, et là que Balagny fut blessé à la cuisse d'un coup de flèche.

« Les Bourguignons arrivèrent donc en masse

dans les faubourgs, en criant : ville gagnée! ville gagnée! Mais, qaand ils aperçurent la porte du Limaçon munie de défenseurs, ils se jetèrent dans les maisons et les jardins, à l'abri des arbres qui y étaient. Puis, ils gagnèrent l'église Saint-Hippolyte, qui est proche de cette porte. De là, ils vinrent poser deux étendards et cinq guidons très-près des bascules du pont-levis, que l'on nomme le tapecul, de la porte brisèrent la porte dudit tapecul et se précipitèrent sur la loge des portiers. Ce ne fut pas sans perdre quelques-uns des leurs et entre autres celui qui portait le principal étendard.

« Les habitants de la ville faisaient bonne et âpre résistance, à coups d'arc, d'arbalète et de coulevrine. Leurs femmes et leurs filles les aidaient et apportaient courageusement sur les remparts, malgré les traits de l'ennemi, de grosses pierres. Il y eut plusieurs Bourguignons tués. Mais, abrités comme ils l'étaient par l'église Saint-Hippolyte et par les maisons qu'ils avaient percées pour venir à couvert, ils avançaient toujours, remplissaient l'église, et, de là, comme d'un abri, couvraient la muraille de traits. Ils approchèrent ainsi de la partie du mur qui joint le pont-levis à la tour qui défendait cette porte du Limaçon. L'un d'eux même y dressa une échelle; mais ils n'osèrent y monter, tant les habitants se servaient énergiquement de leurs arbalètes et couleuvrines.

« L'assaut dura depuis huit heures du matin jusqu'à neuf heures du soir. Plusieurs ennemis périrent à ces diverses attaques. De notre côté il n'y eut qu'un seul bourgeois tué. Il avait reçu une flèche dans le cou.

« Pendant ce temps, les Bourguignons commandés par Mgr de Crèvecœur des Cordes donnèrent l'assaut à l'autre porte, celle de Bresle. Ils étaient en si grand nombre que leur ligne d'attaque s'étendait depuis cette porte jusqu'à celle de l'Hôtel-Dieu. Ils se jetèrent avec une telle furie que, là aussi, ils gagnèrent la loge des portiers et la remplirent instantanément de gens d'armes, mais ne furent pas moins vaillamment reçus par les habitants ; et, comme là il n'y avait aucun faubourg ni maison pour s'abriter, les ennemis souffrirent beaucoup. Là encore les femmes et les filles se conduisaient vaillamment, et elles apportaient sans cesse aux défenseurs des pierres, des housses pleines de flèches, des coques pleines de poudre.

« Mais l'assaut était là beaucoup plus rude qu'à l'autre porte, et l'on ne savait si l'on continuerait à pouvoir repousser les ennemis. Alors lesdites femmes et filles allèrent chercher le précieux corps de la glorieuse vierge sainte Angadrême, native de Beauvais, et l'apportèrent courageusement sur la muraille couverte des traits que lançaient les ennemis, en demandant à cette protectrice de la ville le secours de Dieu contre les Bourguignons.

« Pendant ce temps, ladite porte avait été abattue à coups de canon par les ennemis, et à l'entrée les bourgeois se battaient avec les chevaliers de Mgr des Cordes. On alla avertir le duc Charles que la ville était prise. Il se mit en chemin pour y faire son entrée. Mais quelques femmes apportèrent des fagots allumés et les jetèrent au visage de ceux qui s'efforçaient de pénétrer par cette ouverture. »

On regardait de tout côté avec angoisse pour voir s'il n'arriverait pas quelque secours, car à l'approche du duc Charles on avait envoyé des messages aux habitants de la bonne ville de Paris et aux capitaines des villes voisines. La nuit précédente, en voyant arriver les premiers corps des Bourguignons, Jean de Rheims, seigneur de Trassereux, près Beauvais, était parti chercher de l'aide. Mais toute la journée s'était passée. Les ennemis avaient laissé libres la campagne et les portes dans la direction de Paris. Toutefois rien n'arrivait, sinon peut-être quelques gentilshommes fidèles du voisinage, et l'assaut devenait de plus en plus rude. Les prières redoublèrent autour de la bienheureuse vierge Angadrême qui se trouvait, elle aussi, au milieu de la bataille, et qui avait la renommée d'avoir toujours jusqu'ici empêché la ville d'être prise par assaut ou trahison.

Balagny, tout blessé qu'il était, et son lieutenant Jean Le Goix couraient de place en place, là où l'attaque était le plus rude, encourageant les habitants, leur persuadant qu'ils allaient être secourus et que leur résistance allait faire d'eux les hommes les plus honorés du royaume. Les femmes continuaient de montrer aussi un courage et une constance indomptables.

« Pendant le plus fort de l'assaut, au moment où les défenseurs cédaient et où les Bourguignons, après avoir dressé leurs échelles, montaient sur la muraille, une desdites filles de Beauvais nommée Jeanne Fourquet, sans arme et sans secours, prit et arracha à l'un desdits Bourguignons l'étendard qu'il tenait et le porta à l'église des Jacobins. »

Enfin, vers huit heures du soir, on vit apparaître un corps de troupes, deux cents lances (plus de mille hommes) de l'ordonnance du roi, commandés par MM. de la Roche-Tesson et de Fontenaille, lieutenant de M. de Bueil. Ils étaient partis de Noyon aussitôt que Jean de Rheims les avait avertis et

Le siège de Beauvais.

avaient fait quinze lieues tout d'une traite. Mais ils ne songeaient pas à se reposer. Ils se précipitèrent à bas de leurs chevaux, qu'ils abandonnèrent aux femmes et aux filles de la ville, et coururent aux murailles, surtout à la porte de Bresle où était le péril. Tout brûlait, portes, herses, tout. Mais ce rempart de feu était la meilleure porte pour la ville. Les nouveaux arrivants donnèrent l'ordre d'entretenir l'incendie à l'aide de tout ce qu'on put trouver, et pendant huit jours le feu fut alimenté à cette porte, jusqu'à ce que les habitants, avec leurs femmes et leurs filles, fussent parvenus, malgré les traits de l'ennemi, à bâtir un rempart derrière, qui remplaçât la porte ou plutôt la bouchât. L'arrivée des hommes d'armes rétablit le combat.

« Finalement, les Bourguignons, surpris, par la nuit, furent contraints de se retirer. Ils se logèrent le long des fossés. Ils passèrent la nuit à creuser de longues et profondes tranchées, pour se mettre à l'abri, depuis la porte de Bresle jusqu'à la porte de l'Hôtel-Dieu, avec des dégagements qui montaient jusque dans les vignes. Du côté de la porte du Limaçon, ils se logèrent dans l'abbaye et paroisse de Saint-Quentin, dans les belles maisons de la chaussée de Saint-Nicolas, au delà de la porte de ce faubourg, et dans les jardins qui longent la rivière entre cette porte de Limaçon et l'église Saint-Gilles. Cette position nous fut fort ennuyeuse, car tandis qu'ils étaient cachés par les arbres, nous étions fort en vue et il nous accablaient du feu continuel de toute sorte de canons. Enfin, ils allèrent jusqu'à l'abbaye de Saint-Lucien, et établirent un camp, bien défendu de tranchées, de chariots, de grosse artillerie.

« Le lendemain, dimanche, vers deux heures après midi, Joachin Rouault de Gamaches, maréchal de France, entra dans la ville avec cent lances d'ordonnance. Aussitôt arrivé, il visita les murailles, surtout aux endroits où avait eu lieu le rude assaut de la veille. Il y fit travailler, tandis que les Bourguignons plaçaient des bombardes et gros canons pour tout démolir.

« Si le duc eût pris la ville, dit Commines, il l'eût brûlée complétement. Ce fut un vrai miracle qu'il ne la prit pas; il lui suffisait de ne pas tant se fier à son artillerie et de loger une partie de son armée du côté de Paris, nul n'y eût pu entrer, et les habitants n'eussent pas tardé à chercher à capituler. Mais Dieu voulut qu'il hésitât là où il n'y avait nul doute. Ce fut à cause d'un mauvais petit ruisseau qu'il différa de bloquer cette portion de la ville. Plus tard il le voulut faire; mais tout le monde le lui déconseilla, car il y avait alors trop de monde dans la cité. »

« Le lundi, 29 dudit mois de juin, reprend notre chroniqueur anonyme, et autres jours suivants, arrivèrent les sénéchaux de Poitou, de Carcassonne, chacun avec cent lances ; M. de Torcy, conducteur des nobles de Normandie ; le bailli de Senlis et les nobles dudit bailliage, conduits par le comte de Dammartin, grand maître de l'Hôtel ; le célèbre Salazard, avec cent vingt hommes d'armes de la garnison d'Amiens ; le maréchal de Lohéac, Guillaume de Valle, Méry de Couet, Thevenet de Vignoles, tous anciens chevaliers du temps des grandes guerres. Pendant ce temps, les habitants de la bonne ville de Paris se remuaient fort pour ceux de Beauvais. Robert d'Estouteville, prévôt de Paris, se mit en route, à la tête des nobles de la vicomté. Il mena dans la ville assiégée une troupe de pionniers portant pics, pelles, pioches, farine, vin, poudre et provisions de toute sorte.

« Tous ces gens furent joyeusement accueillis par les habitants qui criaient Noël, et qui dressaient au long des rues des tables garnies de vin et de viandes, avec tant de largesse qu'il semblait que le vin ne coûtât pas d'autre peine que de le puiser à la rivière. »

Le siége continua jusqu'au 9 juillet sans nouvel assaut. Les canons et les bombardes jetaient les murailles à bas. Mais les habitants de Beauvais ne s'en occupaient pas outre mesure. Ils envoyaient de bonnes nouvelles aux municipalités des villes avec lesquelles leur cité était en relations d'amitié. Le 2 juin, il se disait dans Paris que le pain ne coûtait aux Beauvaisins que deux deniers, lorsqu'il coûtait trois sols aux Bourguignons, tant l'on faisait bonne garde dans la campagne ; on ajoutait que le terrible duc, exaspéré, allait jouer le tout pour le tout, et que, dût-il y perdre son armée, il prendrait la ville. MM. les échevins parisiens envoyèrent à ces braves gens de la menue artillerie et des vivres, que porta M. de Meru, à la tête de soixante arbalétriers de la grand'ville.

L'avant-veille on avait chassé les ennemis de l'église Saint-Hippolyte. Mais ce succès avait été bien compensé par une fâcheuse découverte que firent les habitants. Le feu fut mis au palais épiscopal, qui tenait aux murailles. On comprit qu'il y avait des traîtres dans la ville, et ce fut à grand'-peine qu'on éteignit cet incendie ainsi que plusieurs autres que lesdits traîtres allumèrent. Pendant ce temps, l'artillerie tonnait toujours ; les murailles à certains endroits étaient à ras de terre. Les vieux soldats disaient que jamais ville assiégée n'avait été tant battue de canonnade. Et, chose merveilleuse, et qui ne se peut expliquer que par la protection de la bienheureuse Angadrême, quoique toute la ville fût découverte aux yeux des ennemis et qu'ils eussent pu choisir à l'œil leurs victimes, il n'y eut, au milieu de ce déluge de feu et de fer, que vingt-quatre habitants de tués. Les assiégés répondaient vigoureusement, surtout du haut de la tour de Croul, située au milieu des jardins de l'évêque. Ils forcèrent souvent les ennemis à changer leurs tentes de place. La campagne voisine était remuée comme si on avait voulu y planter de nouveaux ceps, et de longtemps l'on n'y put prendre de provins, parce qu'elle était remplie de cadavres.

Diverses circonstances apprirent aux assiégés, dès le 5 juillet, qu'ils devaient se préparer à un nouvel assaut. Les ennemis détournèrent la petite rivière de Therain qui longeait et parcourait la ville. Ils essayèrent plusieurs mines, que le sol bas et marécageux empêcha de réussir. On put comprendre enfin que l'assaut se donnerait encore à la porte Brûlée. D'un côté de la muraille qui touchait à cette porte, l'artillerie avait été éteinte par le feu bourguignon, excepté une petite canonnière qu'on n'avait pu détruire parce qu'elle était placée trop bas. A part cela, l'abord jusqu'à la muraille était complétement libre de ce côté. De l'autre côté de la porte il y avait de l'eau. Les Bourguignons préparaient un pont.

Ils faisaient aussi provision de fagots, et l'on rapporte que le grand bâtard de Bourgogne dit à son frère que c'était inutile et que ceux du dedans rempliraient leurs fossés de Bourguignons en assez grand nombre pour faire un pont. Il y avait peut-être quinze mille hommes pour défendre la ville et les capitaines de Charles n'étaient point partisans de donner cet assaut.

« Il était seul, dit Commines, qui fût de cet avis. Le 8 juin au soir, quand il se coucha sur son lit de camp, vêtu comme d'habitude, il demanda à ceux qui étaient là s'il leur semblait que ceux du dedans attendraient l'assaut dans des murs aussi démantelés. On lui répondit que oui, et qu'ils étaient assez nombreux pour se défendre, même derrière une haie. Il prit cette réponse en moquerie, et il dit : — Demain, vous n'y trouverez personne. »

Le lendemain, dès l'aube, deux bandes considérables de Bourguignons s'avancèrent en face de toute la partie des murailles qui est située depuis la porte de l'Hôtel-Dieu jusqu'au delà de la porte

brûlée. Mais ce fut à l'entour de ces deux portes
que se porta le principal effort.

« A l'endroit de la porte de l'Hôtel-Dieu, nous
dit Jean de Troyes, accoururent en grande quantité
lesdits Bourguignons, dans les fossés de ladite ville.
Ils comblèrent ces fossés avec des bourrées, claies
et pièces de bois, et appliquèrent des échelles aux
murailles. Là était Mgr Robert d'Estouteville, prévôt
de Paris qui, avec tous ses soldats, se conduisit
vaillamment. L'assaut dura depuis sept heures jusqu'à onze heures, et l'on estime à sept mille six
cents le nombre d'ennemis qui jonchèrent les fossés.
De notre côté nous n'eûmes que quatre morts.
L'assaut était plus âpre encore à la porte Brûlée.

« Plusieurs ennemis, selon notre relation anonyme, vinrent jusqu'au pied de la muraille abattue
placer leurs étendards, lesquels furent immédia-
lement pris et déchirés devant leurs yeux. D'autres
montèrent sur les débris de la muraille, mais ils
n'en descendirent pas. Les femmes et les filles de
Beauvais se conduisirent avec autant de courage et
d'honneur qu'en l'assaut précédent. Elles portaient
aux combattants des pierres, des pots pleins de
chaux vive, des tonneaux de tout calibre remplis
de chausse-trapes, de cendres, d'huiles, de graisses
bouillantes pour jeter sur les assaillants. D'autres

défoncèrent des barils pleins de vin que les habitants avaient fait placer au pied des murailles inté-
rieures, et, avec des brocs et des cruches, elles
portaient, de quartier en quartier, à boire et à
manger aux combattants, en les exhortant d'avoir
toujours bon courage. D'autres encore recueillaient
les flèches que lançaient les ennemis et les portaient
à leurs gens. D'autres enfin escortaient pieusement
et vaillamment la châsse de sainte Angadrême, que
cette fois encore on porta sur les murailles, au
milieu de la mêlée, où ladite châsse reçut plusieurs
traits dont l'un s'y trouve encore fixé aujourd'hui,
pour perpétuer la mémoire de ces grands faits. »

D'autres troupes étaient prêtes pour succéder à
ces premiers assaillants. Mais, après trois heures de
cet assaut, Charles le Téméraire, voyant qu'il ne
gagnait rien, fit retirer ses troupes.

Les Bourguignons faisaient chaque jour courir le
bruit qu'ils allaient donner un nouvel assaut. En
attendant, ils brûlaient tout le pays, Marissel, Bra-
cheux, Vuagicourt, etc., et ils envoyaient dans
l'intérieur des murailles de faux paysans, de faux
mariniers qui essayaient de mettre le feu ou d'em-
poisonner les vivres, et que l'on pendait sans très-
longues formes de procès.

Les communes du nord de la France contemplaient, avec une joie orgueilleuse, cette brave défense. Les bourgeois de Rouen envoyèrent une troupe d'arbalétriers, de pionniers, de maçons, qu'ils avaient payés pour six semaines. Le vingt et unième jour de juillet, les bons bourgeois, manants et habitants de la ville d'Orléans firent passer par Paris cent tonneaux du vin de leur cru, qu'ils envoyaient à ceux de Beauvais, pour les rafraichir et les engager à bien besogner contre les Bourguignons. Cet envoi était accompagné par une députation de la bourgeoisie orléanaise, qui portait en outre une provision de flèches, de poudre, etc.

Ce secours fut inutile. « Le mercredi matin, 22 juillet, une belle nuit, sans trompette, honteusement et vilainement, le duc de Bourgogne s'enfuit, » et s'en alla mettre le feu dans toutes les campagnes de Normandie.

Le siége avait duré vingt-six jours. Les Bourguignons y perdirent trois mille hommes et une partie de leur artillerie. Les Beauvaisins se montrèrent dignes de leurs pères, dont César écrit que, entre tous les Gaulois, on les tenait pour les plus braves ; et des filles de la bonne ville, l'on peut dire qu'elles aidèrent alors énergiquement l'habile politique de Louis XI à sauver la France. Celui-ci reconnut, avec la malicieuse ironie qui lui était

habituelle, le grand service qu'elles avaient rendu à
la patrie : il les autorisa à se vêtir, le jour de leurs
noces, aussi magnifiquement que des princesses, et
à précéder les hommes en la procession et à l'of-
frande, chaque année, le jour de la fête de la
glorieuse sainte Angadrême.

LES FRANÇAIS EN ITALIE

BATAILLE DE FORNOUE

1495

Charles VIII

Les expéditions françaises en Italie, à la fin du quinzième siècle et au commencement du seizième, représentent bien l'époque la plus pittoresque de nos annales militaires. Nous ne fûmes pas toujours victorieux. Nous perdions l'Italie aussi vite et de la même façon que nous l'avions conquise, par pièces et par morceaux. Aujourd'hui maîtres de Naples, demain du Milanais, puis forcés de repasser les monts. Tour à tour alliés ou ennemis mortels de Rome, de Venise, de Gênes, de Florence, nous étions au fond sincèrement détestés par tous les Italiens, qui voyaient en nous des barbares, mais qui se servaient de nous pour satisfaire leurs vieilles inimitiés de ville contre ville, leurs jalousies municipales, et pour nous opposer aux autres barbares. Nous nous trouvions dans la situation la plus difficile, la plus brillante, la plus curieuse, la mieux faite pour développer les instincts militaires propres à la race française. Italiens de toute tribu, Allemands de toute bigarrure, Suisses, Espagnols, nous rencontrions là toute l'Europe, parfois avec nous, plus souvent contre nous. Nos rudes et probes chevaliers étaient éblouis de cette élégance nouvelle, notre intelligence fine et sensée était aussi révoltée que ravie de ce scepticisme, de cette *désinvolture* non moins charmante que corrompue. Nous ne pouvions lutter avec les Romains, les Florentins, les Vénitiens sur le terrain diplomatique ; les Espagnols, vaillants autant que nous, étaient, eux aussi, des politiques d'une hypocrisie raffinée ; les Suisses avaient à leur service une méfiance, une obstination, une immobilité qui rompaient notre élan ; et ces Allemands même qui, jusqu'à Charles-Quint, jouèrent un assez pauvre rôle, avaient pour eux l'antique puissance morale du saint-empire, un parti traditionnellement attaché à leur politique, et ils joignaient à un grand courage individuel tout le désir, sinon toute la finesse de la fourberie diplomatique.

Nous nous trouvions donc en pleine terre de conquète, dans une contrée ravissante et riche, en un pays fractionné à l'infini, en face d'ennemis que nous méprisions, mais qui nous obligeaient à déployer toutes nos ressources d'énergie, de courage et d'esprit. Il y avait beaucoup de villes et de butin à conquérir, beaucoup de châteaux à garder contre la trahison et l'assaut. La chevalerie française se vit, en fait, revenue à des temps, dans des circonstances qui rappelaient les aventures si neuves, si dramatiques des croisades et la situation si pittoresque, si mouvementée de l'établissement féodal, mais avec la nécessité d'un développement intellectuel tout inattendu. Chaque chevalier, chaque capitaine eut une mission et une fortune ; il avait parfois les fonctions d'un général, il lui fallait les inspirations d'un chef de guerre et l'esprit d'un politique. Il conquérait des villes, des provinces, les gardait un peu pour lui, privé parfois de toute communication, dégagé de toute subordination, abandonné à ses inspirations, à sa conscience au milieu de gens qui étaient presque ses sujets et se faisaient ses esclaves.

Il y eut ainsi à cette époque un grand et curieux accroissement de notre génie militaire, mais un accroissement en quelque sorte individuel. Nos droits sur le Milanais, sur le royaume de Naples, sur la Ligurie et toutes les dépendances plus ou moins extensibles de ces provinces, étaient légitimes d'après le droit des gens d'alors. Nous n'eûmes ni un ministre ni un général de génie pour les faire valoir et en profiter ; nous gagnâmes de belles victoires, nous éprouvâmes de terribles revers ; parfois, malgré nos exigences, nos maladresses, malgré l'ironie, la servilité et l'hypocrisie italiennes, des villes, des soldats, des femmes, des capitaines s'attachèrent à nous avec un dévouement touchant que méritaient notre générosité, notre courtoisie, notre souriante franchise. Malgré cela, nous fûmes vaincus. Il fallut abandonner l'Italie. Mais jamais nous n'eûmes autant de soldats de génie, autant de soldats populaires. Jamais période de notre histoire militaire ne présenta en aussi peu d'années de si nombreux et de si héroïques épisodes ingénieux, dramatiques et variés. Ces incidents composent une histoire à laquelle nous empruntons quelques traits. Bayard, La Palice, Louis d'Ars, d'Aubigny, cent autres pourront nous consoler des échecs que nous serons forcés de rappeler. L'on n'oubliera pas d'ailleurs que, si nous avons été obligés de quitter l'Italie, nous en avons rapporté la Renaissance.

« Le roi Charles, petit de corps et grand de cœur,

dit Jean Bouchet, voyant la guerre de Bretagne finie depuis deux ans, poussé par les princes de son sang et la noblesse de France, conseillé par les gens de ses parlements et autres gens sages qui affir- firmaient que le royaume de Naples et de Sicile lui appartenait, considérant, en outre, que la France était paisible et ne redoutait aucun de ses voisins, entreprit de recouvrer ce royaume de Naples. »

Pour cela, il fit, en l'an 1493, assembler une grosse armée bien munie d'artillerie et passa les monts. Cette conquête ne fut qu'une promenade. Il n'y eut pas besoin de rompre une seule lance. Na- ples reçut les Français avec un enthousiasme in- descriptible. Mais ceux-ci, à qui il semblait que les Italiens n'étaient pas des hommes, songèrent plutôt à se réjouir qu'à organiser leur domination. Ils ameutèrent bientôt contre eux la haine ou la ja- lousie des diverses puissances italiennes, aussi bien que des princes étrangers qui convoitaient la pos- session du pays napolitain.

Quand le 20 mai 1495 Charles VIII, avec une minime portion de son armée, quitta Naples pour regagner la France, il ignorait encore que le pape, Venise, le Milanais, l'empereur et le roi catholique venaient de conclure une ligue dans le but d'exter- miner tous les Français. Il ne tarda pas à l'apprendre par Philippe de Commines, qui, pour lors ambassadeur à Venise, avait en vain lutté afin d'empêcher la signature de ce traité d'alliance et qui vint rejoindre la petite armée.

C'est lui qui va nous raconter comment, après avoir traversé tranquillement Rome, après s'être amusé aux querelles des Florentins et des Pisans et avoir poursuivi sans grande hâte sa route à travers la Lombardie, Charles VIII trouva aux environs de Parme une armée de cinquante mille hommes qui se préparait à barrer le passage aux neuf mille Français.

Les Suisses venaient de brûler la petite ville de Pontrémoli, au grand dommage de nos soldats, qui commençaient déjà à manquer de vivres et qui en virent là consumer une grande quantité. « Après quoi le roi alla loger en une petite vallée où il n'y avait pas dix maisons et il y demeura cinq jours, je ne sais pourquoi, car nous mourions de faim, et notre avant-garde était à plus de quinze lieues en avant de nous, et nous avions devant nous des montagnes très-rudes et très-hautes où jamais n'avait pu passer de grosse artillerie.

« Alors nos Suisses voulurent réparer le mal qu'ils avaient fait à Pontrémoli. Ils avaient peur que le roi ne les prît en haine pour cela, et d'eux-mêmes ils se vinrent offrir à passer l'artillerie à travers ces montagnes. Et moi qui ai vu les principaux monts d'Italie et d'Espagne, je déclare que je n'en ai pas vu de plus roides et de plus difficiles. Ils firent cette offre en posant comme condition que le roi leur pardonnerait, et il y consentit.

« Il y avait quatorze pièces de grosse artillerie. Le sentier montait de la vallée par un chemin à pic où les mulets avaient grand'peine à passer. Ces Suisses s'attelaient deux à deux par cent couples à la fois, et quand ceux-ci étaient fatigués, d'autres les remplaçaient. On y joignait les chevaux de l'artillerie, et, en outre, chaque personnage de la maison du roi qui avait des bêtes de rechange les prêtait. Mais c'est aux Suisses qu'on doit d'avoir pu surmonter les difficultés. Sans eux, on peut croire que non-seulement les canons, mais les hommes même n'eussent pu traverser ces côtes, aussi pénibles à la descente qu'à l'ascension. Bien souvent, quand on était parvenu en haut, on était menacé de voir tout rouler au fond des vallées. Beaucoup de capitaines étaient d'avis d'abandonner cette grosse artillerie, mais le roi n'y consentit jamais.

« Le maréchal de Gié, qui était à quinze lieues de nous avec l'avant-garde, pressait le roi de se hâter. Les ennemis étaient campés à une demi-lieue du maréchal, et ils eussent eu bon marché de lui s'ils avaient voulu l'attaquer. Il avait été se loger à Fornoue (ce qui signifie Trou-Nouveau), bon village placé à l'entrée de la plaine, au pied de la montagne, en bonne situation pour empêcher les Italiens de venir nous assaillir au milieu des gorges. Mais nous avions une meilleure garde que lui, et cette garde, c'était Dieu, qui éloigna de leur idée le projet de venir nous attaquer. Ils avaient décidé de nous attendre dans la plaine, afin que personne ne leur échappât, et ils s'étaient imaginé qu'en nous surprenant dans les montagnes, nous pourrions fuir jusqu'en Toscane, ce qui était une erreur, car ils connaissaient les lieux mieux que nous, et nous étions bien loin de Pise ou de Florence.

« Le maréchal avait averti le roi que les hostilités étaient commencées. Il avait envoyé quarante chevaux pour observer les ennemis. Ceux-ci avaient lancé une bande de Stradiotes qui avaient tué un gentilhomme nommé Le Bœuf. Ils lui avaient coupé la tête qu'ils avaient placée au bout d'une lance et portée au provéditeur vénitien pour avoir un ducat. Ils avaient ensuite poussé une pointe jusque vers le quartier des Suisses, dont ils tuèrent trois ou quatre. Ils en emportèrent aussi les têtes. Telle est, en effet, leur coutume. Mais je crois qu'ils voulaient

surtout épouvanter les nôtres. Ils y réussirent.
Toutefois, nous le leur rendîmes, car ils ne connaissaient guère encore les effets de l'artillerie, et ils se sauvèrent précipitamment en voyant un coup de fauconneau tuer un de leurs chevaux. Ce ne fut pas pourtant sans emmener prisonnier un capitaine suisse blessé.

« On le conduisit en présence du marquis de Mantoue, commandant en chef des troupes vénitiennes ; du comte de Cajazzo, commandant des Lombards, et de Rodolphe de Gonzague, oncle du premier.

« Il faut savoir que toute l'armée ennemie était depuis huit jours dans la plaine et que le maréchal n'avait avec lui qu'environ mille cavaliers et huit cents Suisses. Il s'était empressé de se fortifier dans les premiers contre-forts de la chaine de montagnes, mais nous fûmes trois jours avant de le rejoindre, et il était fort inquiet, ayant cinquante mille hommes en face de lui.

« Notre Suisse fut donc interrogé par le comte de Cajazzo sur la position de l'armée et la force de l'avant-garde. Le prisonnier doubla effrontément le nombre des soldats de cette troupe. Le comte lui répondit qu'il mentait, et, en effet, comme il avait été avec nous toute la saison, il connaissait assez bien la composition de notre armée. Toutefois le marquis de Mantoue crut le Suisse. Il opina qu'il était inutile d'attaquer cette avant-garde dans la montagne; qu'il valait mieux nous attendre dans la plaine, puisque aussi bien nous devions nécessairement passer par là; qu'encore une fois nous ne pouvions échapper à une extermination complète. Ce fut l'avis des deux provéditeurs vénitiens, sans l'assentiment desquels on n'eût rien osé entreprendre.

« Nous arrivâmes enfin en haut de ce mont où nous attendait notre avant-garde. Nous vîmes se dérouler devant nous toute la plaine lombarde, qui est la plus belle et la plus fertile du monde, et depuis que nous avions quitté Lucques, nous avions tant souffert de la faim et de la fatigue que nous éprouvions un grand bien à contempler ce riche pays, fertile en froment, en vignes et en fruits. On l'appelle plaine, bien qu'il soit difficile à la cavalerie, car il est coupé de fossés comme la Flandre et plus encore. Nous regardâmes attentivement le camp ennemi qui était parfaitement assis, bien muni d'artillerie et qui nous parut bien nombreux. Il contenait, en effet, quarante mille hommes environ, dont deux mille six cents hommes d'armes, complétement armés, autant d'arbalétriers, cinq mille Stradiotes

Bataille de Furnoue.

ou chevau-légers ; les gens de pied complétaient le nombre.

« Nous étions au 5 juillet 1495. C'était un dimanche. Le roi descendit au bourg de Fornoue vers midi. Nous y trouvâmes des vivres, farine, fruits, vin, nourriture pour les chevaux. De prime abord, on n'osa toucher à rien, car on soupçonnait que tout était empoisonné, et deux Suisses qui se tuèrent à force de boire augmentèrent les soupçons. On se contenta d'abord d'un morceau de pain qu'on avait en réserve. Mais avant minuit tout le monde s'était enhardi, à commencer par les chevaux ; et il faut dire que les Italiens sont calomniés quand on les accuse d'user de poison contre les soldats ennemis.

« La vallée où nous campions mesurait un quart de lieue de large ; elle était située entre deux petits coteaux ; un torrent nommé le Taro coulait au milieu, et il est guéable, excepté au temps des grandes crues. Les ennemis se tenaient à une demi-lieue de nous, de l'autre côté du ruisseau, sur le coteau de droite. On eût pu sans doute les éviter en fuyant par le coteau de gauche, mais, malgré la disproportion des forces, cela paraissait honteux. »

Cependant, comme Commines avait eu justement de fort bonnes relations avec les provéditeurs vénitiens qui étaient, en somme, les personnages importants de l'armée ennemie, on le pria de s'aboucher avec eux pour trouver quelque moyen de sortir avec honneur de cette terrible position. Commines, qui reconnaissait là un conseil d'un de ses ennemis ou rivaux d'influence, le cardinal de Saint-Malo, n'y consentait pas volontiers, et, du reste, sur une demande de sauf-conduit, on lui envoya du camp ennemi une réponse peu encourageante. On remit cette affaire au lendemain. La nuit vint et se passa en alarmes causées par les Stradiotes. Il tombait un déluge de pluie. D'horribles éclairs illuminaient 'horizon et le tonnerre grondait sans cesse. Il semblait que le ciel et la terre allaient se dissoudre et que cet effroyable tumulte annonçât quelque terrible catastrophe. C'était un douloureux spectacle que celui de cette petite armée perdue dans cette tempête et qu'attendait le lendemain un inévitable désastre.

« Car, tant bons que mauvais, il n'y avait pas plus de neuf mille combattants, et encore je compte dans ce nombre deux mille serviteurs des gens de bien de l'armée.

« Le lundi matin, vers les sept heures, le noble roi monta à cheval et me fit appeler à plusieurs reprises. Je vins à lui et le trouvai armé de toutes pièces et monté sur le plus beau cheval que j'aie vu de mon temps. On l'a nommé *Savoie ;* il était, disait-

on, de race bressane, de robe noire et n'avait qu'un
œil. Il était de hauteur moyenne, tout à fait conve-
nable pour celui qui le montait. Quant au roi, il
semblait être devenu tout autre que sa nature, sa
taille, sa complexion ne l'indiquaient; car il était et
encore aujourd'hui il est timide en paroles. C'était
le résultat de son éducation qui avait été sévère et
faite au milieu de petites gens. Sur ce cheval, il
était grand, son visage était bon et de bonne couleur,
et il avait la parole intrépide et sage. Je me rappelai
ce que frère Jérôme Savonarole m'avait dit peu de
temps auparavant, que Dieu conduisait ce jeune
homme par la main, qu'il courrait bien des dangers en chemin, mais qu'il en sortirait avec honneur.

« Le roi me dit que si ces gens voulaient parlementer, il fallait me mêler de l'affaire. Le cardinal
était là présent ; le roi l'appela ainsi que le maréchal
de Gié, mais celui-ci était de mauvaise humeur pour
un différend qu'il y avait entre les comtes de Narbonne et de Guise. Je répondis : « Sire, je le fera
« volontiers mais je n'ai jamais vu deux si grosses
« compagnies, si près l'une de l'autre, qui se sépa-
« rassent sans combattre. »

« Sur ces entrefaites, l'armée se rangeait en bataille sur cette plaine sablonneuse, en trois corps,

chacun à un jet de boule de l'autre. En la voyant si
petite, je songeais aux grandes armées que menaient
Charles de Bourgogne et le roi Louis XI, et songeant
à tout cela, je tirai à part dans cette plaine, accompagné du cardinal. Nous dictâmes une lettre aux
deux provéditeurs. Mgr Robertet l'écrivit. C'était un
secrétaire de confiance du roi. Après quoi nous nous
dirigeâmes vers le camp, à un quart de lieue environ
de l'autre côté du ruisseau. Nous y pouvions voir les
Italiens rangés en bataille, car c'est leur usage d'é-
tablir toujours des camps assez grands pour que
toute l'armée y puisse prendre son rang de combat.
Nous piquions droit à eux ; les escarmouches étaient
déjà commencées, et le cardinal bavardait en chemin
pour se dissimuler à lui-même ce qu'il y avait de
maladroit et de honteux dans la démarche que nous
tentions. Il disait que son caractère lui imposait des
démarches pacifiques, et que moi, qui tout récem-
ment étais ambassadeur à Venise, j'avais tout naturellement la mission d'un médiateur.

« Pendant ce temps, une partie des Stradiotes et
des arbalétriers à cheval se coulaient dans un chemin
assez couvert qui menait au village que nous venions
de quitter, pour là passer la rivière et piller notre
camp. Les ennemis avaient d'ailleurs adopté un
plan de bataille excellent, un plan qui était basé

sur la différence énorme des forces et qu'ils préparaient depuis huit jours.

« Ils attaquèrent le roi et son armée de tous côtés, en cercle, de manière à ce que, vu le lieu où nous nous trouvions, aucun de nous n'eût pu échapper si une fois nous étions rompus.

« Tandis que cette bande de chevau-légers allait sur notre bagage, le marquis de Mantoue venait à la gauche avec son oncle Rodolphe, avec le comte Bernardin de Valmonton et la fleur de leurs troupes; c'est-à-dire six cents hommes d'armes, environ trois mille hommes bardés, empanachés, portant la lance *bourdonnaise* (en forme de bourdon), accompagnés d'arbalétriers à cheval, de Stradiotes et de gens de pied. Ils s'avançaient dans la plaine droit vers notre arrière-garde, qui était notre corps le plus faible et que commandaient la Trémouille et le comte de Narbonne. En face de notre avant-garde commandée par le maréchal de Gié, vint se placer le comte de Cajazzo avec quatre cents hommes d'armes, renforcés comme l'autre corps, mais avec beaucoup plus d'hommes de pied. Derrière Cajazzo et pour l'appuyer se trouvait une autre troupe de deux cents hommes d'armes, commandés par Jean Bentivoglio, tout jeune homme, car ils n'étaient pas plus riches que nous en généraux. Le marquis de Mantoue avait aussi une réserve derrière lui. Enfin ils avaient encore une réserve générale qui, divisée en deux corps considérables, restait dans leur camp et devait marcher à un signal donné.

« On n'a pas oublié la lettre que nous avions envoyée, le cardinal et moi, par un trompette. Elle fut lue par les provéditeurs. Au moment même, notre artillerie tirait son premier coup. La leur répondit. Les provéditeurs renvoyèrent immédiatement notre trompette, auquel ils joignirent un des leurs, pour nous mander qu'ils voulaient bien parlementer, mais qu'il fallait faire taire notre artillerie. J'étais pour lors loin du roi, qui allait d'un corps à l'autre. Je lui envoyai les deux trompettes. Il manda aussitôt au maître de l'artillerie de cesser. Pendant un instant le silence cessa. Puis soudainement ils tirèrent un coup et notre artillerie leur répondit avec énergie.

« Quand notre trompette arriva, ils le firent prisonnier. Ils décidèrent de combattre. Nous étions déjà à demi vaincus, dit le comte de Cajazzo. Les deux provéditeurs étaient divisés sur la question. Le comte Rodolphe de Gonzague, qui était bon et sage et qui nous aimait, voulait qu'on s'arrangeât. Mais le marquis de Mantoue était pour la bataille et il l'emporta.

« Le roi avait mis toute sa force dans l'avant-
garde, où il pouvait avoir trois cent cinquante
hommes d'armes et trois mille Suisses. C'était l'espérance de l'armée. Le roi fit mettre à pied les trois
cents archers de sa garde et quelques-uns de ses
deux cents arbalétriers. Il n'y avait pas beaucoup
plus de piétons, mais le peu qui y était fut mis là.
Les Suisses étaient commandés par Engelbert de
Clèves, Lornay, grand écuyer de la reine, et
Antoine de Bessey, bailli de Dijon. L'artillerie était
devant eux. On regrettait bien alors les soldats qu'on
avait laissés à Florence et envoyés à Gênes.

« Notre avant-garde avait marché, car on supposait que c'était par là que commencerait le
combat, si bien qu'elle s'était un peu éloignée du
centre que commandait le roi. Le marquis de Mantoue, avec la plus grande force de l'ennemi, avait
passé la rivière et manœuvrait à un quart de lieue
de notre arrière-garde, qui était, comme je l'ai dit,
très-faible. Les ennemis s'avançaient au petit pas,
bien serrés : c'était beau à voir. Le roi fut obligé de
faire un mouvement, et, tournant le dos à l'avant-
garde, de faire face à l'arrière-garde, dont il s'approcha. Notre armée perdait ainsi cet ordre excellent
qui, en tenant les trois corps l'un près de l'autre,
leur permettait de s'entr'aider.

« Moi, j'étais encore avec le cardinal, attendant réponse. Je lui dis que je voyais bien qu'il n'y avait plus à s'amuser là davantage. Je quittai une petite troupe de Suisses et je me dirigeai là où était le roi. Je perdis en route un page qui était mon cousin germain, un valet de chambre et un laquais. Je ne sais ce qu'ils devinrent. Je n'eus pas fait cent pas que le bruit commença près de l'endroit que je venais de quitter. C'étaient les Stradiotes qui se jetaient sur le bagage et le logis du roi. Ils y tuèrent une quantité de valets; le reste se sauva.

« Quand j'arrivai où était le roi, il faisait, selon l'usage, des chevaliers; mais comme les ennemis étaient fort près, il fallut s'interrompre. J'entendis Mathieu, bâtard de Bourbon, et Philippe du Moulin, simple gentilhomme, mais homme de bien, qui appelèrent le roi en criant : —Passez, sire, passez.

« Le roi vint devant son corps d'armée et en face de son étendard. Les ennemis étaient à cent pas. Entre eux et lui, il n'y avait que ce Mathieu de Bourbon. Je n'ai jamais vu prince ou grand seigneur si mal défendu que ce jeune roi. Mais, après tout, il est bien gardé celui que Dieu garde, et elle était bien vraie la prophétie du vénérable frère Jérôme Savonarole, qui disait que Dieu le conduisait par la main.

« Son arrière-garde était maintenant à droite, un peu en arrière de lui. La plus proche compagnie qu'il eût de ce côté était celle de Robinet de Framezelles, qui menait quatre-vingts lances de la compagnie du duc d'Orléans et les quarante lances du sire de la Trémouille. Les archers écossais se jetèrent dans la mêlée comme des hommes d'armes. Moi, je me trouvais à la gauche avec les pensionnaires, les gentilshommes des Vingt-Écus et autres nobles de la maison du roi.

« Je n'était pas arrivé d'un quart d'heure que les ennemis mirent les lances en arrêt et s'avancèrent au petit galop en deux compagnies. Ils se jetèrent sur celle de nos deux bandes qui était à leur droite, où se trouvaient les archers écossais et le roi. Il y eut là une grosse mêlée. Nous qui étions à la gauche, nous fîmes une légère conversion et donnâmes sur leur flanc, ce qui nous fut un avantage immense. Il est impossible de se battre avec plus d'acharnement qu'on ne le faisait de chaque côté. Mais les Stradiotes qui formaient l'arrière-garde de ce corps, voyant leurs compagnons piller notre camp et nos mulets fuir vers notre avant-garde, craignirent qu'il ne restât plus assez de butin pour eux. Ils ne purent résister à la tentation et, courant de ce côté, ils abandonnèrent leurs gens d'armes engagés avec nous. Ce fut un bonheur, car si ces mille cinq cents chevau-légers, avec leurs cimeterres, qui sont de terribles épées, se fussent joints à cette gendarmerie, nous étions si peu nombreux que nous étions déconfits sans remède. Dieu nous donna cette aide. Les Italiens ne résistèrent pas longtemps à nos lances. Ils s'enfuirent et leurs gens de pied, au lieu de tenir bon, se dispersèrent.

« A l'avant-garde, on n'en était pas encore venu aux mains. Les Italiens avaient été pris de peur au moment de coucher les lances en arrêt, et ils s'étaient enfuis. Nos Suisses en tuèrent une vingtaine. Mais on ne les chassa guère, car le maréchal de Gié, voyant encore en face de lui un corps considérable d'ennemis, faisait ses efforts pour qu'on ne se débandât pas. Les fuyards se sauvèrent le long du ruisseau dans la direction de l'endroit où le corps d'armée avait combattu. Ils marchaient l'épée au poing, car ils avaient jeté leurs lances.

« Quant à nous du corps d'armée, nous nous étions tous mis à la poursuite, soit vers le village, soit dans la direction du camp ennemi. Nous avions avec nous une grande quantité de valets qui tuèrent beaucoup d'Italiens à coups des cognées dont ils se servent pour fendre notre bois. Ils leur brisaient la visière des casques, et ils avaient grand'peine à les exterminer, car ces Italiens sont merveilleusement armés, et il fallait se mettre à plusieurs pour venir à bout de briser ces armures et employer les longues et fines épées des archers.

« Pendant cette chasse, le roi courait un extrême danger. Il avait eu grande chance d'échapper à la mêlée, car Mathieu de Bourbon fut pris à vingt pas de lui. Une fois les ennemis en fuite, il n'avait pas voulu les poursuivre ni rejoindre l'avant-garde, mais garder le champ de bataille, et pendant que nous nous jetions tous en chasse, il avait ordonné à sept ou huit jeunes gentilhommes de rester à côté de lui, puis ceux-là même s'étaient éparpillés, comme il me le conta dès le soir même.

« Or, on se rappelle que ceux des ennemis défaits par notre avant-garde fuyaient le long du ruisseau dans la direction où se trouvait le jeune roi, qui n'avait alors auprès de lui qu'un seul homme, un valet de chambre, nommé Antoine des Ambus, petit homme mal armé. Une bande composée de quelques gens d'armes en déroute, voyant ces deux hommes seuls, se dirigea par là. Heureusement le roi avait le meilleur cheval du monde. Il se défendit en voltigeant jusqu'à ce qu'arrivassent quelques-uns de ses gentilshommes. Les Italiens reprirent la fuite. Et le prince, écoutant enfin le conseil des siens, vint rejoindre l'avant-garde, qui n'avait pas bougé. Quelques personnes ont blâmé le maréchal de Gié d'être resté immobile. D'autres l'approuvent, car il avait en face de lui cette troupe de messire Antoine d'Urbin, lequel attendait pour marcher le signal que devait faire Rodolphe de Mantoue. Celui-ci avait été tué dès la première charge, et le signal n'avait pas été donné. Ce qui est certain, c'est que si notre avant-garde eût fait cent pas, tout le reste des ennemis eût pris la fuite.

« Pour nous, nous continuions toujours la chasse jusque bien près de Fornoue. Je ne vis tomber que Julien Bourgneuf. Arrivés à Fornoue, nous nous arrêtâmes. Une voix cria : — Rejoignons le roi.

« Nous nous préparâmes à retourner, mais il fallut laisser reprendre haleine aux chevaux qui étaient las pour avoir longuement couru par de mauvais chemins pleins de cailloux. Non loin de nous passa une compagnie de fuyards de trente hommes d'armes, mais nous ne lui demandâmes rien. Sitôt que nos chevaux eurent soufflé, nous nous remîmes au trot pour chercher après le roi. Nous l'aperçûmes de loin. Nous fîmes descendre

les valets pour ramasser des lances italiennes qui
jonchaient le champ, bien peintes, mais creuses
et légères, et quand nous joignîmes le roi, nous
étions mieux fournis de traits qu'au matin avant
le combat. Nous avions rencontré en chemin beaucoup de fantassins ennemis de la troupe du
marquis, qui s'étaient cachés sur les coteaux et
essayaient de regagner leur camp. On en tua quelques-uns, mais on ne s'y arrêta guère. »

Le combat n'avait duré qu'un quart d'heure et
la chasse environ une heure. De notre fait, nous
n'avions eu que cent morts, dont soixante valets
que les Stradiotes exterminèrent quand ils vinrent
piller le camp. Les ennemis perdirent trois mille
cinq cents hommes dont cinq ou six du nom de
Gonzague. Il arriva là ce qu'on n'avait jamais vu :
il n'y eut pas de prisonniers. Les nôtres criaient en
combattant : « Souvenez-vous de Guinegate ! » Le
souvenir de cette bataille, qu'on avait perdue pour
s'être amusé à faire des prisonniers et à piller, fit
qu'on tua tout.

Toute l'armée ennemie était en effroi; chacun
fuyait, lorsqu'un de nos prisonniers sur parole, le
comte de Petilliane, se sauva et, suivant les Italiens
pendant près de trois lieues, les rejoignit enfin, les
rallia en leur montrant qu'ils nous étaient encore

quatre ou cinq fois supérieurs en nombre, et les ramena à Fornoue. Là il essaya, mais en vain, de leur persuader de venir attaquer notre camp.

De notre côté, on agitait la question de savoir si on devait poursuivre ce succès et attaquer la position ennemie. Les Italiens Trivulce, Secco et Vitelli, qui étaient avec nous, affirmaient qu'à notre première démonstration tous décamperaient et ne s'arrêteraient qu'à la ville la plus proche, qui était Parme. Mais il avait terriblement plu, tonné et éclairé toute la journée, la rivière avait beaucoup grossi. On tomba d'accord qu'on avait assez fait et qu'on pouvait bien se reposer.

On alla donc rejoindre le champ de bataille. Le roi se logea dans une métairie où l'on trouva beaucoup de gerbes de blé, ce qui fut de quelque secours aux Français. La plupart ne purent se procurer qu'un morceau de pain. Chacun se logea comme il put. Commines, à qui le roi avait le matin emprunté son manteau, se coucha par terre au milieu d'une vigne, sans autre abri que le ciel qui était redevenu clair. La journée du lendemain se passa en pourparlers.

« Le soir, reprend notre historien, chacun soupa de ce qu'il avait et se coucha sur la terre. Tôt après minuit, je me trouvais dans la tente du roi. Ses chambellans étaient là prêts à monter à cheval. Ils me dirent que Charles avait l'intention de partir pour gagner Asti et le Montferrat. Ils m'engagèrent à rester en arrière pour continuer les discussions commencées. Je refusai en disant que je ne cherchais pas à me faire assassiner et que je ne serais pas des derniers à monter à cheval.

« Bientôt le roi s'éveilla, entendit la messe et se mit en selle. Une heure avant le jour une trompette sonna : Faites bon guet !

« C'était pour tromper l'ennemi. On ne sonna point pour déloger. A vrai dire on n'en eut pas besoin. Nous partîmes sans guide à travers l'obscurité et nous lançâmes au milieu des bois et des ravins. Mais, comme me l'avait dit frère Jérôme Savonarole, Dieu nous avait conduits en l'aller, il nous voulait encore conduire au retour. »

ÉPISODES DE LA CONQUÊTE

I

UN PRISONNIER EN ITALIE. — GUILLAUME DE VILLENEUVE.

1497

Pendant que Charles VIII s'ouvrait un passage à Fornoue, ses sujets italiens se révoltaient à Naples et forçaient les Français à se réfugier dans le château.

« Deux jours après, la ville de Trani se révolta soudainement, et les habitants voulurent prendre messire Guillaume de Villeneuve, chevalier, conseiller, maître d'hôtel du roi de France, qui était alors gouverneur de ladite ville. Mais il était bien accompagné, ainsi que messire Barnabé de la Mare, et tous deux se retirèrent au château, sans avoir fait la moindre perte. Toutefois, le dernier ne tarda pas à s'éloigner pour aller défendre Barlette.

« Après son départ, Villeneuve fit lever les ponts du château et charger l'artillerie. Le soir même, on vint mettre devant le château un siége qui devait durer un mois. Durant ce siége, les Français firent trois sorties qui réussirent fort bien. Mais bientôt les ennemis ne se contentèrent pas de canonner le château, ils l'entourèrent de fossés si complétement qu'il n'y avait plus moyen de sortir que par mer. Et la mer était aussi au pouvoir des ennemis. »

Quelque temps après, l'armée vénitienne, après avoir réduit Monopoli, vint devant Trani. Elle somma le gouverneur de se rendre, en lui promettant dix mille ducats. On se chargeait, de plus, de le transporter, lui, son bagage et ses hommes, jusqu'à Marseille. S'il n'acceptait pas, il s'exposait aux pires traitements. Villeneuve répondit que le château ne lui appartenait pas, mais au roi, et qu'il aimerait mieux mourir que de donner ce qui n'était pas à lui.

Les Vénitiens se retirèrent furieux. Quelque temps après, le prince d'Altamura, don Frédéric d'Aragon, vint avec ses galères devant Trani, et envoya un de ses maîtres d'hôtel, messire Vincent, pour inviter Villeneuve à se rendre, lui faisant les plus belles promesses. Le gouverneur répondit de nouveau qu'il aimerait mieux mourir que de commettre une telle lâcheté.

Don Frédéric, mécontent, s'éloigna, alla prendre Manfredone et Barlette. Il y avait, parmi les gens qui se rendirent là, un canonnier flamand que Frédéric acheta et qu'il chargea de suborner un autre Flamand qui était enfermé dans le château de Trani. Il y parvint moyennant cent ducats, et lui en promit vingt-cinq autres par chacun de ses compagnons qu'il pousserait à la trahison. Ce traître fit si bien qu'il corrompit trente-deux hommes de Villeneuve, et la petite garnison se composait de quarante soldats.

Quand Frédéric fut sûr que son agent avait réussi, il envoya encore une fois messire Vincent pour renouveler sa proposition à Villeneuve, qui renouvela sa réponse. Le prince alors, exaspéré, fit proclamer qu'il donnerait deux cents ducats au premier homme qui mettrait le pied dans le château, et trois cents à celui qui lui apporterait la tête de Villeneuve au bout de la lance de la bannière de France qui flottait sur le portail.

Puis il fit crier l'assaut, et au moment où l'armée assiégeante s'avançait contre les murailles extérieures, contre les murs de la basse-cour, les trente-deux traîtres descendirent le long de la muraille.

« Sur ce point, don Frédéric fit donner l'assaut, tant par mer que par terre. Les huit pauvres compagnons qui étaient restés dans le château avec Villeneuve se défendirent vaillamment, comme de loyaux sujets du roi. Mais, à la fin, il fallut abandonner la basse-cour qui, assaillie de tous côtés par tant de gens, était d'une défense difficile. Il fallut donc se réfugier au château et gagner avec peine le haut des grosses tours et le dessus de la poterne, car la grande porte était complétement murée.

« Les ennemis escaladèrent bientôt les murailles de la basse-cour et se précipitèrent dans l'intérieur. Ils furent là accueillis à coups de traits et de pierres et ne savaient où se cacher, car Villeneuve avait fait abattre tous les bâtiments. Toutefois, ils se mirent à l'abri sous des pavois et boucliers et s'approchèrent ainsi du pied du château. Là, on en extermina une grande quantité; mais ils étaient bien nombreux.

« Ils furent repoussés une première fois. Ils firent alors venir une grande quantité d'échelles et d'archers et donnèrent un nouvel assaut de tous côtés à la fois. Nonobstant, aussi longtemps que les huit pauvres compagnons purent lever les bras, ils se défendirent vaillamment. Deux soldats furent tués, le commandant du château eut le coude brisé par

une arquebusade, ce qui fut fàcheux, car il était
fort homme de bien. Quant à Villeneuve, il avait
reçu trois traits dans son casque et un au défaut de
sa cuirasse. L'assaut durait depuis trois heures, et
il était si rude que les défenseurs n'eurent bientôt
plus la force de lever les bras. Villeneuve se retira
dans une salle à la fenêtre de laquelle il avait fait
placer un canon qui commandait la position ennemie.

« Il vit un Eclavon qui montait à l'échelle et
dont la tête passait par cette embrasure. Il s'avança,
l'épée au poing. L'Esclavon avait déjà sauté dans
la salle. On se battit. L'Esclavon, vaincu, se rendit
en demandant la vie. Villeneuve, à son tour, lui
demanda s'il était homme à pouvoir le protéger. Le
soldat lui jura de le faire, en le baisant sur la
bouche. Trois autres Esclavons qui entrèrent lui
firent la même promesse.

« Le château était pris. On le pillait. Villeneuve
pria les Esclavons de le conduire à la chapelle, de
crainte qu'il ne fût mis en pièce par la foule. Il
vint là une grande quantité de gens, entre autres
un gentilhomme, Jacques Pinadelli, qui, l'épée au
poing, le prit ainsi que les survivants de ses soldats, et l'emmena désarmé jusqu'à la maison de
madame Jules. Le prince, fort surpris qu'il fût vi-

vant, ordonna qu'on le menât enchaîné dans la galère *Marquise*. »

Cela se passait le 7 août 1495. Les galères mirent à la voile. Le 8, on se trouva devant le château de Brindes, où était prisonnier le seigneur de
l'Espare, de la maison d'Albret. Ce seigneur fit tant
que son geôlier le mena en face de la galère *Marquise*. On fit monter sur la proue le pauvre Villeneuve, sans robe et en piteux état. L'Espare partagea avec le chevalier une somme de six ducats qui
lui restait. On les éloigna l'un de l'autre, à leur
grand regret. Les galères reprirent la mer. On
aborda à Otrante. On alla jusqu'à Gallipoli. Le
17 septembre, la galère *Marquise* reçut l'ordre
d'aller prendre part au siége de Tarente que les
Français occupaient sous les ordres de Georges de
Sully. Notre prisonnier assista à tous les incidents
de ce siége, et il dit tristement : « Tout cela voyait
messire Guillaume de Villeneuve qui était prisonnier dans la galère *Marquise*. »

Il descendit une seule fois à terre à la demande
de Georges de Sully, qui promit sur sa foi de le
restituer le lendemain. On le reçut à merveille, à
cause de son courage et de sa fidélité, et aussi par
pitié et à cause de sa misère, car il y avait alors
dix-huit jours qu'il n'avait mangé de pain ni bu de

l'eau fraiche. On le nourrissait d'olives vertes. Quand le lendemain il fallut partir, chacun le combla de cadeaux, et quand il mit le pied dans la galère, il s'éleva dans Tarente un grand cri : « France ! France ! » C'était le cri d'honneur, de salut et d'espérance de tous les vaillants Français qui étaient là.

Quand il abandonna le siége de Tarente, don Frédéric fit enfermer pendant quelque temps notre prisonnier dans le château de Gallipoli. On le renvoya ensuite dans la galère *Marquise*, où il trouva de nouveaux prisonniers, le Génois Pierre Fregose, un gentilhomme du roi d'Yvetot, Gaspard de Girême et enfin le seigneur de l'Espare.

Après une course de quelques jours le long des côtes de Sicile, la flotte napolitaine vint mouiller dans la baie de Naples et se joindre à la flotte vénitienne qui assiégeait à la fois le château de l'OEuf et une division française de quinze à seize voiles. Nos prisonniers restèrent un mois resserrés dans leur galère. Ils assistèrent à toutes les péripéties du siége, tant de ce château de l'OEuf que du château Neuf.

Ce fut le 6 novembre seulement que Villeneuve, à la requête de l'Espare, obtint d'être présenté à don Frédéric et de pouvoir lui faire sa révérence. « Mais vous pouvez penser que cette révérence fut assez piteuse, car Villeneuve avait une grande barbe grise, le visage bien maigre et fort défait. Il était pauvrement vêtu et bien triste, comme un homme qui a été quatre mois emprisonné dans un navire, mal nourri et à côté de ses soldats enchaînés. »

Le prince reprocha à son prisonnier de n'avoir pas voulu rendre la ville de Trani, surtout quand il avait consenti à la rendre aux Vénitiens.

« Là-dessus, ledit de Villeneuve, en présence du seigneur de l'Espare, du capitaine Villemarin et d'autres gens de bien, dit au prince que, s'il y avait Vénitien ou autre homme, de quelque pays qu'il fût, qui osât dire et maintenir qu'il avait consenti à rendre cette place à qui que ce fût, lui, Villeneuve, affirmait que, faussement et méchamment, il en avait menti. Et, avec la permission du prince, il était prêt à combattre ce calomniateur, avec l'épée, sur la poupe de la galère, jusqu'à ce qu'il lui eût fait avouer que faussement et méchamment il l'avait dit. Là-dessus, Villeneuve jeta son gage de bataille au milieu de la poupe de la galère. Étaient présents ledit prince, le seigneur de l'Espare, le capitaine Villemarin, François de Pau et autres gens de bien.

« Alors ces deux derniers capitaines dirent au prince qu'ils avaient connu ledit Villeneuve aux

Le prince reprocha à son prisonnier de n'avoir pas
voulu rendre la ville de Trani.

guerres de Catalogne, et qu'il avait toujours eu la renommée d'un homme de bien ; que, dès lors, puisqu'il offrait de prouver par le combat la vérité de son affirmation, le prince devait le croire et le tenir pour excusé. Comme aucun des Vénitiens présents ne dit mot, le prince dut être persuadé et il le fut. Il retourna en ville et renvoya les prisonniers dans leur galère. »

Au bout de quelque temps, le château Neuf ayant été obligé de capituler, on y enferma les captifs. Dans le courant de janvier, l'Espare fut échangé. Au mois de mars, ou délivra Gaspard de Girême et les autres Français. Villeneuve resta seul avec son chapelain et un laquais. Il reconnut bien alors que personne, pas même le roi pour lequel il avait combattu, ne pensait à lui. Il était prisonnier depuis dix-huit mois déjà. « Il se tourna à Dieu et à Notre-Dame, les suppliant qu'il leur plût lui donner brève délivrance et bonne patience. Bien eut-il besoin de cette vertu, car on le mena en haut de la tour sous une voûte ténébreuse, et, pour le faire plus souffrir, quoique ses fenêtres fussent défendues au dehors par un fort treillage de fer, on mit encore au dedans de gros barreaux de bois. Il ne vit plus créature vivante, sinon une esclave maure qui lui apportait tous les jours sa pauvre vie. »

L'hiver se passa. Les échos de la ville et de la guerre lui arrivaient, et il avait de quoi s'attrister en entendant monter jusqu'à lui les bruits joyeux de la noce du roi Ferdinand, comme aussi en apprenant les échecs de ses anciens compagnons d'armes.

Enfin, le 26 juillet 1496, on lui apprit que la paix était faite, mais jusqu'au dimanche 7 août il resta dans l'angoisse. Ce jour, on le délivra. Il avait été en prison un an et trois jours. Il ne trouva à s'embarquer que le 28 septembre. On le descendit à Monaco, après une traversée où ils faillirent périr.

« De là partit ledit Villeneuve, à pied. Il s'en alla à Villefranche, de là à Nice et il arriva à Marseille. Là, Mgr le marquis de Rotelin, gouverneur de Provence, lui fit beaucoup d'offres de service, pour l'honneur du roi et pour la pitié où le jetait l'aspect misérable de Villeneuve. Mais celui-ci avait fait un vœu dans sa prison : il avait juré que, jusqu'à ce qu'il eût rencontré le roi, il mendierait sa vie pour l'amour de Dieu. De Marseille, il s'en alla à la Sainte-Baume en pèlerinage. Il toucha à Beaucaire où était son château, mais il ne s'y arrêta point. Toujours à pied, et dans le même costume où il se trouvait en sortant de prison, il se dirigea vers Lyon. C'est là qu'il trouva le roi, son souverain seigneur. Celui-ci, aussitôt qu'il apprit son arrivée, l'envoya quérir.

On le mena au palais, en la salle des cérémonies, où
le prince soupait en compagnie d'une grande quantité de seigneurs et autres gentilshommes. Villeneuve
se présenta hâve et défait, pauvrement vêtu, portant
au cou son carcan de fer pesant cinq livres. Le bon
prince, ému de pitié et joyeux de sa délivrance,
l'accueillit très-bénignement. Après lui avoir envoyé
tous les vêtements nécessaires, jusqu'à la chemise,
il le combla de biens; et, dès le lendemain, le
nomma son maître d'hôtel. »

II

BERNARD DE RICAULT

1500

Après la conquête du Milanais par Louis XII, les
Suisses, qui l'avaient aidé dans cette conquête et
dont les riches villes d'Italie avaient excité les con-
voitises, voulurent garder une porte ouverte sur ces
fécondes plaines du Milanais. Ils s'emparèrent de
Belinzona, et la guerre faillit éclater entre les alliés
de la veille. On fut obligé de laisser aux Helvétiens
la ville qu'ils avaient prise, et toute la querelle se
passa en quelques escarmouches, comme celle que
nous raconte Jean d'Anton :

« Ce propre jour, dit le chroniqueur, que les
Suisses étaient saillis aux champs, un capitaine français, nommé Bernard de Ricault, était parti de
Sonvic et était allé courir sur le chemin de Belinzona
avec vingt-cinq chevaux seulement. Chemin faisant,
auprès d'un village nommé les Tavernettes, il ren-

contra les cent Suisses qui s'étaient séparés de leurs camarades de Lugan. Ils marchaient fièrement et en bonne ordonnance comme des gens qui se trouvent en pays ennemi.

« Aussitôt que le capitaine de Ricault les aperçut, il mit ses gens en ordre et leur dit : — Messeigneurs, que nul de vous, en cette rencontre, n'économise par lâcheté de cœur ce qu'il convient dépenser pour acquérir honneur. Que chacun de nous se montre par les faits tel que la renommée le puisse louer. Nos ennemis sont quatre contre un. Mais évertuons nos cœurs, renforçons nos vouloirs, exploitons nos bras. Tombons rudement sur eux. Que chacun de nous ait bon pied, bonne main, bon œil. Ainsi faisant, sans nulle faute la victoire est à nous.

« Sur quoi chacun des Français se mit à charger son ennemi si à point que du premier choc on jeta bas plus de vingt Suisses tués ou blessés. Les autres se mirent en désordre, en essayant de gagner une place avantageuse; mais avant qu'ils l'eussent atteinte, ils furent de nouveau chargés et rompus. Ainsi rudement promenés, en trois ou quatre charges ils furent tous renversés, sauf douze d'entré eux que ledit Renault mena au château de Sonvic. »

III

PRISE DE ROUVRES. — LA PALICE

1503

Les Français et les Espagnols, alliés pour la conquête du royaume de Naples, n'avaient pas tardé à se brouiller dès qu'il s'était agi de partager les dépouilles. La guerre s'était déclarée, 1502-1503. Tandis que les Français, commandés par le duc de Nemours, vice-roi de Naples, se dispersaient par petites troupes dans le pays, prenaient des villes de peu d'importance, occupaient cent points à la fois et faisaient une campagne sans plan et sans résultat important, Gonzalve de Cordoue, suivant cette tactique patiente qui lui devait toujours réussir contre nous, laissait s'évaporer la furie française et s'éparpiller nos forces. Il rassemblait patiemment dans Barlette, où nous l'assiégions mollement, une véritable armée qu'il devait lancer, au moment venu, sur chacun de nos corps détachés et lassés.

Tandis que Nemours et le gros de notre armée couraient la campagne, Jacques de Chabannes, seigneur de la Palice, avait été laissé en observation dans une petite ville, non loin de Barlette, à Rouvres (Ruvo). C'était lui qui était chargé, non-seulement de poursuivre le siége de Barlette, de tenir en respect Gonzalve, mais encore de fournir des suppléments de soldats à tous les capitaines que la fantaisie du général Nemours envoyait pour prendre ou reprendre les villes du voisinage. Si bien que la petite troupe de la Palice diminuait à mesure que l'armée de Gonzalve augmentait.

Le brave Chabannes, comprenant le danger de cette situation, alla trouver Nemours et lui remontra qu'il n'avait ni artillerie ni armes de trait, qu'il était dans des murailles sans solidité, qu'on lui avait enlevé presque tous ses hommes, tandis que la puissance des Espagnols allait croissant. Mais le vice-roi ne lui voulut donner aucun renfort. La Palice revint à Rouvres, après avoir envoyé au roi Louis XII un émissaire pour l'avertir de tout et le supplier de ne point lui en vouloir des conséquences de l'affaire.

« Le seigneur de la Palice, raconte Jean d'Anton,

n'était pas de deux jours rentré à Rouvres que le capitaine Gonzalve, bien averti que les garnisons françaises du voisinage avaient délogé, vint se présenter devant la ville avec une artillerie puissante. Il y mit étroitement le siége. Il fit battre la muraille sur trois points assez rapprochés l'un de l'autre, de sorte qu'en moins de quatre heures, il y eut une brèche large de deux cents pas.

« La garde de la ville avait été partagée entre trois corps. La Palice commandait l'un et défendait justement le quartier où les brèches avaient été faites. Les Savoisiens composaient les deux autres corps. Ils avaient trois chefs, Pierre de Couldrez, Lionet du Breuil et Jacques de Monsenains. Chacun d'eux avait vingt hommes d'armes pour garder le quartier qui leur avait été départi.

« Une grande foule d'Espagnols s'était précipitée à la plus large brèche, du côté, comme nous l'avons dit, où se trouvait le seigneur de la Palice. Celui-ci, armé de toutes pièces et monté sur un courtaud, pour pouvoir plus aisément courir là où il serait besoin, avait disposé ses hommes sur les murs. Ceux-ci se défendirent de leur mieux ; mais la multitude des assaillants fut si grande que les nôtres furent obligés de céder. Un enseigne des ennemis entra avec une grosse bande d'entre eux. Alors la Palice, voyant que ses gens perdaient du terrain, accourut, mit soudainement pied à terre, saisit une hallebarde, et se précipitant sur l'enseigne espagnol, il le frappa à tour de bras et si adroitement qu'il le jeta du haut en bas de la brèche. Puis à coups désespérés se mit à charger et encore et encore les soldats ennemis, tant que, les tuant et blessant, il les repoussa hors des murs. Ses gens, qui étaient comme vaincus, reprenant courage, s'approchèrent et pendant longtemps empêchèrent les Espagnols d'avancer.

« La Palice, voyant la brèche libre, mit des soldats frais pour la garder. Il envoya chercher dix hommes d'armes au seigneur de Cournon, lieutenant des Savoisiens, et se retira un peu pour reprendre haleine.

« Les Espagnols recommencèrent bientôt leur assaut plus âprement encor. Nos gens ne purent tenir longtemps. Ce que voyant, la Palice, qui était en bas contre le mur intérieur du rempart, monta sur une échelle, arriva sur ce rempart, et là, furieux, arrachant à l'un des siens une lance, il se mit en défense comme un sanglier. Il fit alors ce que homme de notre temps n'a jamais fait : car tout seul contre un grand nombre d'ennemis qui étaient entrés, il les repoussa avec une telle vigueur que nul Espagnol n'osait plus attendre ses coups. Autour de lui, on ne voyait que des cadavres étendus.

« Gonzalve fit marcher contre lui une troisième troupe, qui, s'avançant sur le rempart, le blessa en plusieurs endroits à coups de pique et de lance; on tirait aussi sur lui à coups d'arquebuse, mais on ne pouvait le faire reculer. Voyant qu'on ne pouvait l'ébranler, et que, d'autre part, aussi longtemps qu'il serait vivant, ils ne pourraient entrer, les Espagnols allèrent chercher un petit baril de poudre à canon. Ils y mirent le feu en s'approchant de lui à la poussée et le lui jetèrent à la tête.

« Le baril, le feu et le chevalier tombèrent du haut en bas du rempart. Il se releva tout brisé et tellement que, par la visière de son casque, par le haut de sa cuirasse et tous les interstices de ses armes, la fumée sortait, prouvant que le feu était à l'intérieur. Oui, continue le chroniqueur, il y avait du feu, le feu de son courage que la fortune mauvaise ne pouvait amoindrir, et le feu de la poudre que ses hommes, en l'inondant de vin et d'eau, essayèrent d'éteindre.

« Quand on lui eut versé une quantité d'eau par les trous de son casque et qu'il fut revenu à lui, il vit les ennemis entrer de tous côtés dans la ville. Lassé, blessé comme il était, il comprit qu'il ne pourrait plus guère être utile aux siens ni nuisible aux ennemis ; toutefois, s'appuyant sur deux de ses soldats, Jean Pin et Le Meule, il s'avança d'un pas pesant, l'épée au poing, vers le château, sans que personne osât venir l'attaquer. Les gens de Gonzalve avaient fait prisonniers ou tué une partie des Français et des Savoisiens, les autres s'étaient retirés dans le château.

« La Palice y arrivait, lorsqu'une division de plus de trois cents Espagnols l'assaillit. Alors, comme un sanglier aux abois, s'adossant à la muraille, il saisit une hallebarde et s'escrima tant que, tout autour de lui, à la longueur de son arme, on ne voyait que gens morts ou blessés. Plusieurs de ses ennemis, voyant ce merveilleux exploit, disaient que ce serait un deuil pour toute noblesse que la perte d'un si vaillant chevalier, et ils criaient : — Rends-toi, Français, pour sauver ta vie, sinon tu seras abattu et tué.

« Mais lui ne répondit autre chose qu'en chargeant à bras déployé. Entre lui et l'armée de Gonzalve, il y avait un fossé qui venait joindre celui du château, et sur le bord duquel se trouvaient un grand nombre d'Espagnols qui admiraient comment un homme seul pouvait tenir tête à tant d'autres. Ils eurent pitié d'un tel labeur, entre autres un capitaine de genétaires (chevau-légers), qui cria à ses assaillants de ne pas le tuer. Ils s'arrêtèrent un instant. Le capitaine, du haut du fossé, lui demandait s'il voulait se rendre. La Palice répondit que non. L'autre insista, disant qu'il était gentilhomme, et lui promettant un traitement honorable. La Palice consentit alors. Le capitaine descendit et courut vers la porte de la ville, située à un jet d'arc, pour venir prendre son prisonnier, mais il devait arriver trop tard.

« Les gens de pied, en effet, voyant qu'il n'avait pas voulu se rendre à eux, dirent que personne ne l'aurait et qu'ils le tueraient. Ils se jetèrent de nouveau sur lui et le combat recommença. Il défendait bien sa vie. Mais l'un des assaillants eut la chance de donner de sa hallebarde sur celle de la Palice un si grand coup près du poing que l'arme du chevalier fut jetée à terre. En même temps, un autre lui lança, comme s'il l'eût voulu assommer, une telle estocade sur le coin de son casque qu'il lui fit un trou dans la tête de la largeur d'une paume. Le chevalier tomba à terre sur ses mains.

« Écoutez ce qui arriva. En tombant, il rencontra sa hallebarde et, comme un autre Antée, fils de la Terre, qui, après l'avoir baisée, redoublait de force, la Palice retrouva son énergie, et ainsi armé, il se redressa brusquement. Il recommença à frapper en enragé et faire le vide autour de lui mieux que jamais. Ainsi se battait ce vaillant, digne d'être mis sous le dais dans la salle d'honneur de la renommée. Ainsi se battait-il lassé, affaibli par le sang qu'il avait perdu tout le jour aux différents assauts. Pendant ce temps, un homme d'armes de la compagnie de don Diego de Mendoza criait que ce serait trop grande perte que la mort d'un tel chevalier et qu'il ne fallait pas le tuer. La Palice faisait bien ses efforts pour prouver qu'il était de cet avis ; mais il se trouvait en un grand danger. Enfin cet homme d'armes parvint à percer la presse. Il fit arrêter le combat et il demanda au chevalier s'il voulait lui donner sa foi et se rendre à lui. La Palice refusa ; toutefois il lui demanda qui il était. Celui-ci répondit qu'il appartenait à la compagnie de don Diego de Mendoza. La Palice dit alors qu'il voulait bien se rendre à don Diego de Mendoza. Mais ni à cet homme d'armes ni à aucun autre il ne voulut rendre son épée. Il la jeta en s'écriant : — Ni toi ni autre ne l'aura de ma main.

« Ainsi, avant que le capitaine des genétaires pût arriver, il fut mis en main des hommes d'armes qui le menèrent à Gonzalve, qui fut plus content de cette capture que de celle de la plus forte place du royaume de Naples.

« Le général espagnol lui dit qu'il fallait, sous peine de mort, qu'il fît rendre immédiatement le château, et tout brusquement le mena, blessé comme il était, devant les murailles.

« La Palice appela le seigneur de Cournon, lieutenant des Savoisiens.

« — Vous voyez, dit-il, la fâcheuse situation où nous sommes et comment nous avons perdu la ville. Moi je suis mort ou à peu près. Gonzalve que voici me charge de vous dire que vous rendiez le château où vous êtes. Toutefois, si vous croyez pouvoir le défendre, ne le rendez pas, mais tenez bon.

« Il avait bien cœur de lion et bien était-il gourmand d'honneur, quand dans cet état de faiblesse et pour sauver sa vie, il ne laissa pas amollir son courage et ne consentit pas à céder à l'ennemi. Cependant Gonzalve, touché de cette énergie, ne le fit pas souffrir davantage. Il le fit mener doucement à Barlette. Là on le soigna. Des seules blessures de la tête on retira onze petits os ; mais enfin on le guérit. Le château ne se rendit pas avant d'avoir été de nouveau battu d'artillerie et sérieusement assiégé. »

Causennes de la Palice sous les murs de Rouvre.

IV

LA RETRAITE DU GARIGLIANO. — BAYARD

1503

Vous avez pu voir, dans d'autres histoires, comment, au royaume de Naples et vers la fin de la guerre qui existait entre les Français et les Espagnols, l'armée des Français se tint longuement sur le bord d'une rivière, dite le Garigliano. L'armée espagnole était de l'autre côté.

Il faut savoir que s'il y avait du côté des Français de vertueux et gaillards capitaines, aussi en était-il du côté des Espagnols ; entre autres s'y trouvait le grand capitaine Gonzalve Ferrand, homme sage et vigilant. Il y avait aussi un nommé Pedro de Pas, lequel n'avait pas deux coudées de haut, mais on ne pouvait trouver de plus hardie créature, bien qu'il fût tellement bossu et si petit que, quand il était à cheval, on ne lui voyait que la tête au-dessus de la selle.

Un jour, ledit Pedro s'avisa de jeter l'alarme dans le camp des Français, avec cent ou cent vingt cavaliers, portant en croupe chacun un arquebusier; il se mit à passer la rivière de Garigliano, à un gué qu'il connaissait. Ce qu'il en faisait, c'était pour que l'armée française y courût, pour qu'on abandonnât ainsi le pont que nous gardions, et dont les Espagnols se fussent alors emparé facilement.

Il exécuta très-bien son entreprise. Il vint se jeter sur notre camp. Chacun courut à l'endroit attaqué, croyant que là se trouvait toute l'armée ennemie. Mais il n'en était rien.

Le bon chevalier Bayard, qui désirait toujours être près des coups, s'était logé tout contre le pont, en compagnie d'un gentilhomme qu'on nommait le Basco, écuyer des écuries du roi de France Louis XII. Tous deux commencèrent à s'armer quand ils entendirent le bruit. S'ils furent bientôt prêts et montés à cheval pour aller où était le bruit, il ne faut pas le demander. Mais en regardant du côté de la rivière, le bon chevalier avise environ deux cents chevaux espagnols qui venaient droit au pont pour s'en emparer. Ce qu'ils eussent fait sans grande résistance. Et c'eût été la totale destruction de l'armée française. Alors Bayard commença à dire à son compagnon : — Monseigneur l'écuyer, mon ami, allez vite chercher de nos gens pour garder ce pont, ou nous sommes tous perdus. Cependant je me mettrai en peine de les amuser jusqu'à votre retour, mais hâtez-vous.

Ce qu'il fit. Le bon chevalier, la lance au poing, s'en va au bord dudit pont, à l'autre côté duquel les Espagnols arrivaient déjà. Lui met la lance en arrêt, et, comme un lion furieux, donne au milieu de la troupe. Il en renverse trois, dont deux tombent à l'eau et se noient, car la rivière était grosse et profonde. Cela fait, on lui tailla beaucoup de besogne et il fut assailli si rudement qu'il fallait une bien grande cavalerie pour résister. Mais, comme un tigre échauffé, il s'accula à la barrière du pont afin qu'on ne pût le prendre par derrière, et à coups d'épée se défendit si bien que les Espagnols ne savaient que dire. Bref, si bien et si longuement il se maintint, que l'écuyer Basco, son compagnon, lui amena un important secours, cent lances environ, qui forcèrent les Espagnols à abandonner le pont, et les reconduisirent un grand mille au delà.

Ils se préparaient à les mener plus loin, quand ils aperçurent une grosse troupe ennemie de sept à huit cents chevaux qui accourait au secours. Le bon chevalier dit alors à ses compagnons :

— Messeigneurs, nous avons assez fait aujourd'hui. Nous avons sauvé notre pont. Retirons-nous en ordre serré.

Son conseil fut tenu pour bon. Ils commencèrent à se retirer au beau pas. Le bon chevalier était le dernier, soutenant tout ou presque toute la charge, si bien qu'à la longue, il se trouva fort pressé. Son cheval, sur lequel il avait combattu tout le jour, était si las qu'il ne pouvait plus se soutenir.

Ce fut alors qu'arriva un nouveau flot d'ennemis qui, tout d'un choc, donna sur les Français, dont plusieurs furent jetés par terre. Le cheval du bon chevalier fut acculé contre un fossé, et lui-même était entouré de vingt ou trente cavaliers, qui criaient : — *Rendé! rendé, senor!*

Lui combattait toujours, en disant : — Messeigneurs, il faudra bien que je me rende, car, moi tout seul, je ne pourrai triompher de vous tous.

Ses compagnons s'éloignaient cependant, tirant vers leur pont, et croyant avoir toujours le bon chevalier parmi eux. Tout à coup, l'un d'eux, nommé le chevalier Guyfray, gentilhomme du Dauphiné et voisin de Bayard, se mit à dire : — Hé! messeigneurs, nous avons tout perdu! Le capitaine Bayard est mort ou pris, car il n'est pas avec nous. Ne le chercherons-nous pas, aujourd'hui surtout qu'il nous a si bien conduits, qu'il nous a fait gagner tant d'honneur? Je prends Dieu à témoin que, quand je devrais y aller seul, je retournerai et j'en aurai des nouvelles, à moins que je ne sois mort ou pris!

Je ne sais qui, de toute la troupe, fut le plus affligé, quand ils connurent que le chevalier Guyfray disait vrai.

Chacun descendit pour resangler son cheval, remonta, et, d'un courage invincible, se lança au grand galop vers les Espagnols. Ceux-ci emmenaient la fleur et l'élite de toute gentillesse, Bayard, que son cheval seul avait livré, car si l'animal avait pu endurer autant de fatigue que le maître, jamais celui-ci n'eût été pris.

Il faut entendre que, en se retirant et en emmenant le bon chevalier, les Espagnols, fiers de leur nombre, ne daignèrent s'amuser à le désarmer ni à lui enlever son épée qu'il avait au côté. Ils se contentèrent de lui ôter la hache d'armes qu'il tenait à la main. Tout en marchant, ils lui demandaient qui il était. Lui savait bien que, s'il se nommait par son vrai nom, il serait immédiatement égorgé, car les Espagnols le redoutaient plus que tout autre homme de l'armée française. Il essayait de leur donner le change et se contentait de répondre qu'il était gentilhomme.

Cependant, voici qu'arrivent ses compagnons, criant :

— France! France! Espagnols, tournez, vous n'emmènerez pas ainsi la fleur de la chevalerie!

A ce cri, les Espagnols, malgré leur nombre, furent un moment surpris. Toutefois, ils se remirent, et, d'un visage assuré, reçurent cette lourde charge des Français. Ils ne purent pourtant pas éviter que plusieurs d'entre eux, et des mieux montés, ne fussent portés par terre. Ce que voyant, le bon chevalier, qui était encore tout armé, à qui il ne manquait qu'un cheval (car le sien, comme nous l'avons dit, était épuisé), le bon chevalier descendit et, sans mettre le pied à l'étrier, sauta sur un gaillard coursier qu'il trouva à sa main. Un hardi gentilhomme, Salvador de Borgia, lieutenant de la compagnie du marquis de la Paduale, venait d'être mis à bas par l'écuyer compagnon de Bayard, le Basco.

Quand le chevalier sentit un bon cheval entre ses jambes, il se mit à faire chose merveilleuse, en criant :

— France! France! Bayard! Bayard, que vous avez laissé aller!

En entendant ce nom, les Espagnols comprirent la faute qu'ils avaient faite de lui laisser ses armes et de l'avoir pris sans lui dire : Secouru, ou non secouru. Car s'il leur eût donné sa foi, rien n'eût pu l'y faire manquer. Le cœur leur manqua et ils dirent entre eux :

— Tirons vers notre camp, nous ne ferons pas aujourd'hui grand exploit.

Ils se lancèrent au galop. Les Français, qui voyaient la nuit approcher, s'en retournèrent à leur camp, très-joyeux d'avoir recouvré leur guidon d'honneur, et pendant huit jours l'on ne cessa de parler de cette belle aventure· et des prouesses du bon chevalier.

A la suite de ces prouesses et de beaucoup d'autres que nous raconte la *Chronique du loyal serviteur*, l'armée française, qui s'avançait pour envahir le royaume de Naples, défendu par Gonzalve de Cordoue, força le passage du Garigliano, le 5 novembre 1503. Mais ce fut là le terme de ses progrès. La division se mit dans l'armée. Le marquis de Mantoue, notre général en chef, hésita à marcher sur Naples. Puis, tiraillé en des sens divers, il se retira. Son successeur, le marquis de Saluces, partagea son hésitation. L'autorité de cet Italien était, du reste, peu respectée des capitaines français.

L'hiver était venu. L'armée française était ensevelie dans les marais qui avoisinaient le fleuve. Les tempêtes éloignèrent la flotte qui ravitaillait nos soldats. Les trésoriers de l'armée gardèrent l'argent destiné à l'entretien des troupes. Une disette effroyable se fit sentir. Sur un mouvement offensif de Gonzalve il fallut se retirer. Ce fut une retraite désastreuse, mais où le courage des gens d'armes français, et surtout de Bayard, se montra plus énergiquement encore qu'au milieu des marches victorieuses.

Jean d'Anton, l'historiographe de Louis XII, nous peint naïvement ce désastre, si rude pour notre influence en Italie, si glorieux pour nos soldats :

« Il advint que, pour être resté trop longtemps auprès de ce fleuve, les vivres manquèrent à peu près complétement : car ils ne venaient que par mer, et les vents contraires régnaient constamment. Une grande mortalité se mit dans l'armée, surtout parmi les gens de pied. L'hiver était rude, le froid rigou-reux les torturait, car ils étaient presque nus et sans chaussures, dans la boue jusqu'aux genoux. Les chevaux manquaient tellement de tout qu'ils se nourrissaient de feuilles d'arbre et de branches de vigne. Presque tous y moururent, si bien que tel homme d'armes qui avait amené là cinq chevaux se trouvait à pied. Les pauvres pages et les varlets périssaient de froidure et de disette.

« Voyant cela, les gens d'armes français, dont quelques-uns possédaient encore quelques chevaux morfondus, se présentèrent, et à plusieurs reprises, devant les chefs de l'armée, disant : Il vaut mieux marcher en avant, chercher des vivres, donner bataille à nos ennemis et succomber honorablement, que demeurer ici à trembler comme des gueux et à languir de famine.

« Un jour, entre autres, ils restèrent plus de huit heures à cheval, la lance sur la cuisse, prêts à marcher contre l'ennemi. Mais les chefs de l'armée ne le voulurent permettre. Ces gens d'armes disaient à messire Louis de Hédouville, l'un des principaux capitaines, qu'il n'avait qu'à partir, puisqu'il commandait l'avant-garde, et que tout le monde suivrait.

« Celui-ci répondit qu'il ne demandait pas mieux, et j'ai su par un homme d'armes nommé Philippe Sechaust qu'il ajouta, en présence des baillis de Dijon et de Caen, qui avaient le commandement de l'armée :

« — Messires, voici le bailli de Caen et celui de Dijon, c'est à eux comme à moi que le roi a remis la charge de diriger les troupes. Je les ai toujours trouvés opposés au dessein de passer outre et d'aventurer l'armée. Je ne sais que dire d'eux, sinon qu'ils ont bu et avalé tant d'honneur autrefois, qu'ils le trouvent amer aujourd'hui et n'y veulent plus goûter.

« Ainsi, les grands capitaines étaient en dissension. Chacun voulait commander seul. Les trésoriers, de plus, volèrent beaucoup d'argent au roi, et, faute de payement, beaucoup de choses utiles à l'armée ne vinrent pas. En somme, l'affaire alla si mal, que les Espagnols, avertis de notre fàcheuse position, délibérèrent de nous passer sur le corps. Ils commencèrent par gagner les montagnes, pour nous couper le chemin entre Gaëte, qui était occupée par nous, et le pont de Mole.

« Les capitaines de l'armée, apprenant ces nouvelles, se réunirent en conseil. Jacques de Silly, bailli de Caen, était alors malade à Gaëte, ainsi que Jean Stuart, duc d'Albanie, messire Jean Chapperon et beaucoup d'autres. Mais à ce conseil assistaient plusieurs capitaines et autres gens de bien, parmi lesquels Louis, marquis de Saluces, l'infant James de Foix, Jean du Plessis, messire Louis de Hédouville.

« Un soir, ils débattirent l'affaire. Voyant que la plupart des hommes d'armes étaient démontés et les gens de pied nus, affamés et diminués de plus de moitié, ils décidèrent qu'il fallait faire retraite le plus sûrement que l'on pourrait. Ils donnèrent l'ordre aux gens d'armes démontés, aux malades et aux fantassins de se diriger sur Gaëte. Ils ne retinrent, pour soutenir la retraite, que deux capi-

taines de gens de pied, Cossains et Saint-Cricq,
avec environ mille hommes de leurs bandes. Ils y
joignirent les cent Allemands de la garde du roi
qui étaient sains et saufs, tous les gens d'armes et
les archers qui avaient conservé leurs chevaux.

« Ils mandèrent au capitaine Prégent de Bidoulx,
qui tenait la mer non loin de là, de venir ; lequel
obéit immédiatement, et pendant toute la nuit l'on
embarqua la grosse artillerie sur ses navires, tandis
que les gens de pied et les malades filaient sur
Gaëte. Ils gardèrent avec eux l'artillerie légère pour
s'en servir au besoin.

« La mer était tellement rude qu'on l'entendait
bruire à deux milles des bords. Le capitaine
Prégent n'était pas rassuré avec cette grosse artillerie sur ses bateaux. Toutefois, il se confia à la
fortune. Mais celle-ci n'était pas satisfaite du malheur
dont elle nous accablait sur terre. Elle voulut nous
persécuter aussi sur mer. A l'embouchure du Garigliano, là où près de Gaëte il se jette dans la mer,
la tourmente fut si horrible que toutes les barques
sur lesquelles était chargée cette artillerie cou-
lèrent à fond. Il n'y eut de sauvé que celle où
était Prégent, laquelle, avec les plus extrêmes
efforts, fut maintenue sur l'eau et vidée ; encore
n'en voyait-on plus que les bords quand Prégent

et ses hommes arrivèrent à leurs galères. Tous les Français qui se trouvaient dans les autres barques se noyèrent, entre autres René de Saint-Amand et Pierre de Médicis. Un seul fut sauvé qui, en tombant à l'eau, se souvint de la glorieuse mère de Dieu, laquelle lui tendit la main et le déposa sain et sauf sur le rivage. Ainsi furent perdues l'artillerie et les barques des Français.

« Dès le début de la retraite, on avait envoyé messire Yves d'Alègre avec quatre cents hommes d'armes à un lieu nommé les Fraddes, à la descente des montagnes par où se dirigeaient les Espagnols Mais, quand on fut en marche, le marquis de Saluces vit tant d'ennemis par les champs qu'il envoya chercher le seigneur d'Alègre et sa troupe, pour soutenir le choc des Espagnols, bien supérieurs en nombre aux nôtres. Messire d'Alègre se dirigea donc vers le pont de Mole, pour attendre et recueillir ceux qui tenaient l'arrière-garde.

« Il choisit quinze hommes d'armes d'élite. C'étaient messires Roger de Béart, Pierre de Tardes, surnommé le Basque, de la maison du roi, Pierre de Bayard, Pierre de Pocquière, dit Bellabre, Perrot de Payennes, Gascon, Antoine de Lamet et autres. On les mit en queue pour soutenir l'effort de l'avant-garde espagnole. En avant de cette troupe renommée, et pas très-loin, se trouvaient Louis, marquis de Saluces, chef des Français, messire Louis de Hédouville, le sire de Duras, Bernard de Scenon, Pierre Dos, Antoine de la Fayette, avec deux cents hommes d'armes mal montés, messire Mercure et ses Albanais. Les Allemands du roi et les autres gens du roi marchaient devant.

« Ainsi, la veille des Innocents, bien matin, les Français délogèrent et tirèrent lentement vers le petit pont de Mole. Les Espagnols furent immédiatement sur leurs derrières, en grosse bande, et commencèrent à charger sur les quinze hommes d'armes qui étaient les derniers. On se battit là vigoureusement jusqu'à un endroit nommé la Cadeine. Alors les quinze se retournèrent brusquement et repoussèrent les avant-coureurs espagnols jusqu'à moitié chemin du pont du Garigliano. Là les ennemis retrouvèrent une nouvelle troupe des leurs et revinrent à la charge. Ce que voyant, le marquis de Saluces fit retourner messire Louis de Hédouville, Pierre Dos et tous les autres avec les Albanais, si bien qu'on dégagea le baron de Béart et qu'on rejeta les Espagnols jusqu'à leur corps qui était éloigné d'environ deux jets d'arc. Dans cette mêlée restèrent environ trente Espagnols.

« Les Français reprirent leur route, toujours précédes par l'artillerie et les gens de pied, toujours suivis par les ennemis dont le nombre augmentait sans cesse.

« Les quinze hommes d'armes, qui portaient tout le poids de cette retraite, étaient fort écrasés. Pierre de Bayard soutint ce jour-là un rude fardeau, car il ne quitta pas un instant la mêlée. Enfin au milieu d'une charge son cheval fut tué sous lui. Il se releva, l'épée au poing, et continua à se battre sans vouloir se rendre. Heureusement, le marquis de Saluces et le seigneur de Sandricourt aperçurent sa position. Ils retournèrent bravement sur les ennemis, et firent tant qu'ils les repoussèrent, secoururent Bayard, auquel le seigneur de Sandri-court donna un très-bon cheval pour le remonter.

« Après quoi l'on continua à se diriger vers le pont de Mole, qu'avaient déjà passé messire Yves d'Alègre, François d'Urfé et leurs compagnons. Les gens de pied étaient encore en deçà, fort empêchés par l'artillerie qui encombrait le pont.

« Dans Gaëte se trouvaient alors plusieurs Français malades et blessés, entre autres Jean Stuart d'Albanie, lequel, après avoir rassemblé tout ce qu'il put de monde, arriva jusqu'à ce pont, monté sur son cheval de bataille et armé, quoique souf-frant, pour mourir au service du roi. Là encore vint

messire Jean Chapperon qui, quoique malade et blessé lui aussi, ne voulut pas rester enfermé dans les murailles. Il se mit à la tête de quatre cents laquais (fantassins), et, un bras en écharpe, une épée de l'autre, il accourut jusqu'à cet endroit et se jeta au milieu de la bataille.

« Les Français se désespéraient d'être obligés de reculer ; mais il le fallait bien. Les Espagnols étaient là en grand nombre, tous bien montés. Et ils chargeaient rudement sur la petite troupe des quinze chevaliers, au milieu desquels se trouvait Bayard, qui, eût-il dû mourir, ne voulait passer le pont. Il se lança si souvent au milieu des ennemis que son nouveau cheval lui fut encore une fois tué entre les jambes. Mais, avec l'aide de ses compagnons, il fut pour la troisième fois remonté. Le cheval de Pierre de Tardes fut également tué, et le cavalier, après s'être défendu comme un lion, fut environné et pris.

« Pendant ce temps, les gens de pied avaient passé ; mais l'artillerie était restée en arrière. Les Espagnols se précipitèrent sur elle et firent là un grand carnage. Un homme d'armes gascon, nommé Jehannot Dugas, repassa alors le pont et, la lance basse, donna sur ceux qui exterminaient les artilleurs. Il fit tant, le brave homme d'armes, qu'il tint, pendant un certain temps, les ennemis en respect. A la fin, on lui tua son cheval et on l'abattit, mais il se releva, l'épée à la main. Il fit merveille, car il chargeait à tour de bras, sans jamais vouloir se rendre. Enfin il fut tué roide. De tels hommes, on ne doit pas les oublier quand on raconte les prouesses des vertueux.

« Les Allemands du roi se conduisirent vaillamment. Ils furent des derniers à abandonner l'artillerie; mais il fallut céder et elle tomba aux mains de l'ennemi. « Le combat se concentra sur ce pont de Mole, et les Français, bien qu'ils fussent vaincus, gardèrent l'honneur. Les Espagnols faisaient les plus grands efforts pour se rendre maîtres de cette position. Un homme d'armes espagnol s'avança jusqu'au milieu de ce pont, la lance en arrêt. Mais il y avait en ce moment, à la tête de ceux qui le défendaient, Pierre de Pocquière, seigneur de Bellabre, qui attaqua ledit Espagnol avec une telle force que, du choc de sa lance, il le renversa de son cheval et le jeta à bas du pont. Le combat dura là plus d'une heure. « Les Espagnols descendaient en grande troupe des montagnes qui étaient entre cette position et Gaëte. On en avertit le marquis de Saluces et le seigneur de Sandricourt. Ils craignirent que, si l'on s'attardait davantage, le chemin ne fût coupé. Ils donnèrent donc l'ordre d'abandonner ce pont.

« Les Français reprirent de nouveau leur retraite au petit pas. Les Espagnols traversèrent et recommencèrent à charger sur les derniers, au nombre desquels étaient toujours Pierre de Bayard, Jacques Vernon, François du Rousset, Pierre de Pocquière, Bernard de Scenon, Antoine de la Fayette, Pierre Dos et plusieurs autres qui soutenaient tout le poids du combat. Ils étaient fort fatigués de ces charges continuelles. Un des nôtres, nommé Jacques Vernon, de la maison de Montreuil-Bonnin, en Poitou, voyant un homme d'armes espagnol qui se dirigeait vers le rivage, pour revenir au galop sur nous, se précipita sur lui avec une telle force qu'il renversa le cheval et l'homme, qu'il envoya rouler dans la mer.

« Un autre Français, nommé Étienne du Rousset, seigneur d'Estiennes, frappait à tour de bras, si bien qu'en la presse deux chevaux lui furent tués entre les jambes et qu'il fut pris. Pierre de Bayard eut un quatrième cheval blessé, mais le pauvre animal put encore porter son maître jusque'à Gaëte, et là tomba roide mort sous le bon chevalier.

« Avant d'en arriver à cette ville, on avait rencontré une armée espagnole qui voulait barrer le passage. On lui passa sur le ventre. Pierre Dos, Antoine de la Fayette furent pris, et aussi Bernard de Scenon, très-hardi hommes d'armes, qui se

battait tenant au poing un estoc, tout sanglant
comme un couteau de boucher. « Mais enfin les
Français arrivèrent jusqu'à Gaëte où ils entrèrent. »

LOUIS D'ARS

1504

Tandis que les héroïques efforts de la chevalerie française illustraient les désastres de l'expédition napolitaine et dissimulaient sous la gloire les
misères de la retraite de Garigliano, l'honneur
français gardait en Italie un représentant aussi
glorieux que les compagnons de Bayard, mais plus
original, plus aventureux et dans la plus saisissante position du monde.

Un capitaine avec une petite bande de soldats
tenait bon là où une armée avait échoué. Il avait
refusé de reconnaître la capitulation de Gaëte et
s'était établi dans la Pouille, qu'il nommait tranquillement la terre et domaine du comte de Ligny,
son maître. Faisant face au grand Gonzalve de
Courdoue et à toute l'armée espagnole, pour l'honneur du roi et de la patrie et pour l'accroisement
de la fortune du bon seigneur de Ligny, Louis

d'Ars accomplissait « les plus belles saillies et les plus lourdes escarmouches. » Au plein cœur du royaume de Naples, seul, loin de tout secours, pendant plus d'un an sourd à toute proposition, il conquérait des châteaux et des villes. Puis, au temps venu, traversant l'Italie avec sa petite troupe, l'épée haute ou la lance à la main, il regagna la France en bousculant tout ce qui voulut s'opposer à son passage.

« Les Français retournés en France, écrit Jean d'Anton, le capitaine Louis d'Ars, qui n'avait pas voulu entendre à la capitulation de Gaëte, était resté avec ses gens à Venose. » Cette ville, située dans cette partie de la Pouille qu'on nomma plus tard la Basilicate, à cinq lieues au nord de la capitale de la province, à plus de quarante lieues de Naples, dominait une plaine fertile, au pied des Apennins.

« Louis d'Ars avait donc bien ouï parler de la retraite de Garigliano ; il était alors à Monte Peloso avec le comte de Conversano, qui, en apprenant ces nouvelles, voulut se retirer pour aviser à ses affaires ; mais Louis d'Ars le retint : — Ne nous effrayons pas pour paroles au vent semées. Et dans le doute et pour ne pas dépérir dans l'inaction, ils allèrent assiéger une ville très-forte, Lavello, qui devait d'après Louis d'Ars appartenir au comte de Ligny.

« Ils donnèrent l'assaut au plus fort endroit de la place, car il fallait monter plus de deux lances de haut pour entrer. Mais rien ne les arrêtait : leurs cœurs étaient faits pour de telles entreprises. La muraille fut emportée, les gens de là mis à sac, la ville pillée et les vivres, dont il y avait là grande provision, emportés à Venosa.

« On continuait toujours à parler de Garigliano ; le comte de Conversano ne voulut pas rester plus longtemps en Pouille ; il se retira dans ses places avec ses soldats.

Le capitaine Louis d'Ars ne fut pas ébranlé : « Je n'abandonnerai point par crainte de mes en- « nemis, dit-il, ce que j'ai conquis sur eux à « force d'armes. » Il écrivit à plusieurs reprises au roi, mais il ne reçut nulle réponse. Ses messagers étaient tous détroussés.

« Voyant qu'il n'avait rien de mieux à faire qu'à continuer la guerre, il ravitailla Venosa, se prépara à tout accident et s'en alla assiéger une forte ville nommée Minervina. Il la prit et la soumit à l'obéissance du roi de France. Bientôt le bruit de ses exploits se répandit par toute l'Italie, qui loua en lui l'homme qui recouvrait l'honneur de la

France, celui qui, en extrême péril, se montrait de vertu ferme et éprouvée.

« Gonzalve, voyant que le capitaine allait conquérir toute la Pouille, y envoya Barthélemi d'Alviano avec quatorze mille Espagnols et une forte artillerie pour assiéger Venosa et les autres villes françaises.

« Ils s'arrêtèrent le 25 mars à trois milles de cette cité de Venosa, et Barthélemi d'Aviano, voulant voir la contenance des Français qui la défendaient, prit quatre cents chevau-légers et s'en vint courir jusque devant la ville. Mais Louis d'Ars avait été averti de leur venue et il avait fait sortir des barrières deux cents cavaliers qui donnèrent sur les assaillants et après une rude escarmouche de trois heures les forcèrent à regagner leur camp. Là se montrèrent noblement deux Français, Gilbert de Chaux et Jean de Montieux.

« Le lendemain, un Français, Bernard de Saint-Soudain, qui venait à la tête de vingt-cinq chevaux de faire une incursion jusqu'à Castel del Monte, se trouva inopinément en face des Espagnols dont il ignorait la venue. A leur aspect, tout le camp fut en alarme. Quand à Bernard, il dit qu'il ne reculerait pas et ne se dérangerait pas de son chemin, et tandis que les Espagnols s'armaient et montaient à cheval, la petite troupe se lança au milieu du camp, bouscula tout ce qui s'opposa à son passage, passa sur le ventre des ennemis sans perdre un seul homme et rentra à Venosa avec son butin.

« Les deux jours suivants, les Français sortirent contre les bandes espagnoles et les mirent en déroute. A la seconde sortie, Bernard de Saint-Soudain, avec cent chevaux, les alla réveiller et les mena si rudement qu'il rejeta leur avant-garde jusque dans leur camp. Alors une troupe de cinq cents genétaires (chevau-légers) se précipita et repoussa les Français jusque devant Venosa.

« — Allons, cria Louis d'Ars, qui observait le combat, montrons à ces gens-là qu'ils sont venus trop près de nous.

« Et s'armant légèrement pour être plus libre en ses mouvements, il sortit à la tête de deux cents chevaux et de trois cents hommes de pied et tomba sur les Espagnols dont les chevaux étaient lassés. Les nôtres, montés sur des coursiers de Stradiotes, se lancèrent si délibérément que du premier choc vingt des ennemis furent renversés. Les hommes de Saint-Soudain se reformèrent, et l'on fit de telles charges que les genétaires, rompus, épars, prirent la fuite et regagnèrent leur camp, non pas tous pourtant, car trois cents demeurèrent en chemin, ou morts ou pris.

« Les Espagnols se gardèrent dorénavant de sortir, sinon en masse. Ils approchèrent davantage leur camp de la ville et vinrent placer leur artillerie entre la rivière et l'abbaye de la Tranta, en un lieu fort bas. Mais ils ne furent pas plus tranquilles, et pendant les trois jours qui suivirent, on leur donna de telles escarmouches que, dès que quelques-uns des nôtres se retiraient, d'autres leur venaient en barbe. Bernard de Saint-Soudain, qui était sans cesse en armes, fut blessé d'un coup d'arquebuse. Il faut grandement louer ces pauvres soudards qui tinrent tête à nos ennemis au temps de leur plus grande fortune et les tourmentèrent tellement que ceux-ci se décidèrent enfin à dire le mot du guet.

« Voyant, en effet, qu'ils perdaient là temps, gens et argent et qu'il n'y avait pas moyen d'user de fourberie, les Espagnols envoyèrent au capitaine Louis d'Ars un trompette pour lui apprendre qu'il y avait trêve entre le roi de France et celui d'Espagne. »

Louis d'Ars, comprenant qu'on ne lui parlait de paix que parce qu'on ne pouvait lui nuire, n'écouta rien jusqu'à ce que les articles du traité lui eussent été communiqués par l'évêque de Rennes, pour lors ambassadeur de France à Rome. Après quoi il voulut bien accepter la trève, mais en attendant le bon plaisir du roi, auquel il envoya Jean de Coulon, son secrétaire. Celui-ci fit une telle diligence qu'en douze jours il alla de Venosa à Blois. Là le conseil du roi décida qu'il fallait ordonner au capitaine Louis d'Ars de revenir, car les trêves ne devaient durer que le temps de reformer une armée.

« Ces ordres l'ennuyèrent fort, car il était sûr de pouvoir tenir six mois encore contre toutes les forces de Gonzalve, et peut-être lui ferait-il assez de mal pour relever l'honneur de la France et rabaisser l'orgueil de l'Espagne ; mais ne voulant pas désobéir au roi, il se mit sur mer avec quatre cents hommes, sur huit navires, et se dirigea vers Trani, non pas comme un fugitif chassé, mais comme un voyageur conquérant.

« Ainsi s'en retournait celui qui, sans faveur d'amis, sans secours d'alliés, sans autre argent que ce qu'il pouvait gagner, fit, avec peu d'hommes, ce qu'une grosse armée n'avait pu faire. Il a été, de tous les Gaulois de ce temps, le plus heureux en entreprises et en victoires. Il fut le premier à la guerre de Naples, et le dernier il y resta, sans que la puissance de ses ennemis l'ait pu abattre ; mais il revint l'épée au poing comme un vainqueur, portant à son cou, derrière son bouclier, l'honneur du roi et la gloire de la France vengés. »

A Trani, il rencontra une petite bande ae Français qui, sous le commandement de Louis de Saint-Bernard, sortant de prison, nus comme des Arabes, après quatorze mois de captivité, mais sans avoir pu toutefois résister au plaisir de prendre pendant quelques jours part à la défense de Conversano, venaient rejoindre Louis d'Ars, pour rentrer avec lui en France. On se rembarqua et on descendit à Ancône. De là, on alla à pied à Notre-Dame-de-Lorette. Louis d'Ars se sépara pour quelque temps de ses hommes, et avec trois gentilshommes de sa troupe, Luc de Groing, Gilbert de Chaux et Jean Aubert, il poussa une pointe sur Rome, où il fut honorablement traité; puis, en poste, il rejoignit ses gens.

Ceux-ci s'en étaient allés de Sinigaglia à Pérouse, à Forli, à Faenza, à Imola, Bologne, Modène, Parme, Plaisance, jusqu'à Pavie. Quoiqu'ils ne fussent que quatre cents, ils étaient reçus à grand honneur par toutes les villes où ils passaient. Les portes étaient ouvertes, les vivres apportés en abondance, et eux armés, bannière déployée, comme s'ils eussent été cinquante mille, passaient partout sans que personne s'y opposàt. Beaucoup de villes, au contraire, les accueillirent en criant : France ! Louis d'Ars ! France !

Le capitaine les rejoignit à Pavie, puis là il tomba malade de la fièvre et fut vingt jours à se guérir. Après quoi on se remit en chemin. On traversa Tortone, Alexandrie, Felizzano, ville du marquis de Montferrat. De là, on se dirigea vers un gros village nommé Isque, près d'Asti. Ils y arrivèrent assez tard dans la soirée. Comme ils étaient à souper, sortirent de la ville mille ou douze cents hommes armés et munis de cinq pièces d'artillerie, qui s'en venaient pour barrer le passage aux Français et les exterminer. Mais ils trouvèrent de la besogne.

« Le capitaine Louis d'Ars, voyant l'insolent vouloir de ces vilains qui, sans querelle, cherchaient à entamer la bataille, dit aux siens :

« — Marchez ! marchez ! vous avez passé en trop bons lieux pour être arrêtés ici, et vous avez surmonté de trop terribles dangers pour craindre celui-ci.

« A ces paroles, nos gens s'élancèrent et eurent bientôt jonché le terrain de morts et de blessés. Les Italiens s'enfuirent, nous les poursuivîmes jusqu'à la porte de leur citadelle où ils s'enfermèrent, mais

en abandonnant leur artillerie que les Français em
menèrent jusqu'en France.

« Ce fut le dernier péril. Le duc Philibert de Savoie fêta Louis d'Ars de tout son cœur. Ils arrivèrent enfin devant le roi, qui mit tous ces braves
gens dans ses ordonnances. Quant à Louis d'Ars, il
le récompensa magnifiquement et lui donna beaucoup plus que tout ce qu'il eût osé demander. »

BATAILLE DE MARIGNAN

François Ier

Au mois d'août de l'année 1515, une armée française descendait les versants des Alpes qui regardent les plaines du Piémont du côté de Saluces. C'était la plus brillante et la plus nombreuse de toutes les armées que la France eût encore envoyées dans la Péninsule. Elle comptait environ trente-cinq mille hommes de pied, dont la moitié, les lansquenets, était commandée par Charles d'Egmont, duc de Gueldres, et sous lui par Claude de Guise, frère du duc de Lorraine. L'autre moitié se composait des *aventuriers*, — ainsi nommait-on alors l'infanterie légère française, — Gascons ou Picards, commandés par don Pedro de Navarre, illustre et habile Espagnol qui s'était attaché à la fortune de France; il avait pour lieutenants le seigneur de Lorges, le baron de Grammont, les capitaines Henry Gonnet, Georget Bonnet, Maulevrier, Pérault de Maugeron, Onatilleu, Hercules de Dauphiné et d'autres. La cavalerie était d'à peu près quinze mille hommes, sans compter les volontaires et les gentilshommes de la maison du roi et de la suite des grands seigneurs, qui étaient là nombreux. A côté de François Ier, alors âgé de vingt ans, qui arrivait cette année-là même à la couronne, on voyait les plus célèbres hommes de guerre de l'époque, le connétable de Bourbon, la Palisse, Stuart d'Aubigny, Bayard, Lautrec, d'Ymbercourt, Fleuranges, Jean-Jacques Trivulce, Teligny, Bussy d'Amboise, Boissy, puis le duc de Lorraine, le duc d'Albanie, les princes de Savoie et toute la grande noblesse de France, les ducs de Vendôme, d'Alençon, de Châtellerault, le comte de Saint-Paul, Montmorency, d'Orval, les fils du prince de Sedan. L'artillerie était considérable : quatre-vingt-dix pièces de gros calibre et trois cents petites pièces, dont Fleuranges se vante d'avoir inventé le modèle, et qui lançaient cinquante petits boulets au coup.

Cette armée descendit, le 15 août, dans les plaines piémontaises, à l'étonnement de l'Italie entière. Les Suisses et les Espagnols gardaient, en effet, les passages du mont Cenis et du mont Genèvre, les seuls par où l'on avait jusqu'alors pu traverser les Alpes. Mais cette troupe immense, cette artillerie formidable, avaient suivi des chemins qui n'avaient été jusque-là accessibles qu'à des chasseurs de chamois. On avait fait sauter les montagnes, comblé les précipices, jeté des ponts sur les abîmes, porté les canons à dos d'homme, de rocher en rocher. En cinq jours, soixante mille hommes avaient passé, après avoir déployé une patience, une énergie admirables, et, le 15 août, l'armée française arrivait devant Saluces. Bayard allait surprendre, à Villefranche, Prosper Colonna, le chef de l'armée espagnole ; huit mille hommes des nôtres allaient occuper la Ligurie ; les Suisses étonnés quittaient les passages qu'ils gardaient et se repliaient lentement sur Milan.

François Ier laissait la France menacée au midi par l'Espagne, à l'est par l'Empire. Il avait dans les Pays-Bas un allié qui le trahissait déjà, le jeune prince qui devint l'empereur Charles-Quint ; en Angleterre un ami douteux et en tous cas âprement envieux, Henri VIII. En Italie, il avait en face de lui les Espagnols, les Impériaux, le saint-siége, les Florentins, le Milanais, tout excepté Venise. Il avait surtout contre lui les Suisses, les redoutables vainqueurs de Morat, de Granson, de Novare, les Suisses que, depuis leurs succès sur le puissant empire ger-

manique, sur le belliqueux duc de Bourgogne
Charles le Téméraire, sur la France elle-même,
l'Europe entière regardait comme invincibles. Eux-
mêmes n'admettaient pas qu'il y eût au monde une
armée qui pût, avec des forces cinq fois supérieures
en nombre, lutter contre eux. Leur insolence était
devenue aussi proverbiale que leur puissance semblait invulnérable. Ils se nommaient les correcteurs
des princes, les destructeurs de toute chevalerie; ils
reconnaissaient qu'ils portaient la victoire dans le
camp où il leur plaisait d'aller, où les conduisaient
la convoitise et l'avarice qui avaient remplacé en
eux le sentiment de l'honneur chevaleresque et de
l'équité. Ils étaient devenus aisément les tyrans de
l'Italie septentrionale et régnaient en maîtres exi-
geants dans le Milanais, sous le nom de Maximilien
Sforza. Menaçant le Dauphiné et la Bourgogne, ils
ne cachaient pas leur ambition qui était d'exercer
une sorte de suzeraineté grossière, capricieuse et
rapace, en France comme en Italie, sur les plaines
situées au bas de la citadelle alpestre, où ils étaient
campés. Ils avaient déjà brûlé des villages dauphi-
nois et s'étaient avancés jusqu'à Briançon.

François Iᵉʳ se sentait « riche, puissant et de
noble cœur; » il voulait, jeune roi, illustrer, par la
gloire que son âme ardente avait enviée jusque-là

par-dessus tout, les premières années de sa toute-puissance. Il était poussé par toute sa cour que l'insolence des Suisses révoltait et qui voulait effacer le souvenir des dernières défaites éprouvées par les armes françaises. François était d'ailleurs, du chef de sa femme, le possesseur légitime du duché de Milan. Enfin, il était attiré par cette Italie où la France, depuis quarante ans, allait providentiellement chercher les plus brillants éléments de la civilisation moderne, et où il fallait que le magnifique protecteur de la Renaissance française allât compléter son éducation artistique.

Le roi commandait le centre de son armée, divisée en trois corps. Le connétable de Bourbon à l'avant-garde, le duc d'Alençon, époux de Marguerite de Valois, sœur de François Ier, à l'arrière-garde, le roi s'avançait de Turin à Verceil, de Verceil à Novare, qu'il prit après un siége de deux jours et où les Français retrouvèrent, avec une joie véritable, l'artillerie qu'ils avaient été obligés d'abandonner lors des guerres précédentes. Nous avancions toujours avec la prudence et les précautions de gens qui savent qu'au bout du chemin les attend une terrible bataille. Nous ne faisions que deux ou trois lieues par jour, campant aux endroits où l'eau abondait, car il y avait quantité de toute victuaille;

et la présence du roi, le génie administratif du connétable, la dextérité de l'habile ingénieur Pedro de Navarre, et la fermeté du maître de l'artillerie, Galiot Ricard de Genouillac, le plus illustre *artilleur* de tout le seizième siècle, faisaient régner partout un ordre admirable. Enfin, en suivant toujours les Suisses à la distance de quelques lieues, et en réveillant parfois les traînards de leur arrière-garde à coups d'arbalète ou d'arquebuse, nous arrivâmes sur l'estrade milanaise, dans la campagne qui entoure la ville de Saint-Ambroise, et nous arrêtâmes à Marignan.

Ainsi au commencement de septembre 1515, en partant de cette ville de Milan, qui était alors une des grandes cités de l'Occident et, comme Naples et Venise, renfermait déjà deux cent mille habitants, on rencontrait, en inclinant dans la direction du sud-est, sur une ligne de quatorze lieues de longueur, quatre armées où étaient représentés presque tous les peuples de l'Europe civilisée. A l'extrémité de cette ligne, à Plaisance, se trouvaient vingt mille hommes, tant Espagnols et Impériaux, commandés par don Raymond de Cardonna, que Romains, Napolitains, Florentins, commandés par Laurent de Médicis, neveu du pape Léon X. Les deux chefs se jalousaient, se défiaient l'un de l'autre, et cette division paralysait, dans une certaine mesure, ce corps. Sa mission était de se diriger vers le nord-ouest, pour nous écraser, en suivant la vallée du Lambro, au milieu de laquelle nous nous trouvions entre l'armée suisse et cette armée romano-espagnole.

A six lieues au-dessus de Plaisance, à Lodi, ils eussent rencontré, il est vrai, une armée vénitienne d'environ quinze mille hommes, qui manœuvrait d'accord avec nous, sous la direction de Barthélemy d'Alviano, que nous avons vu à la bataille de Venosa, mais qui était devenu le plus fidèle de nos alliés et surveillait les Espagnols.

De Lodi à Marignan on compte environ quatre lieues. Nous étions là appuyés sur le Lambro, rivière qui descend des environs du lac de Côme, longe Milan et baigne Marignan, pour aller se jeter dans le Pò, non loin justement de Plaisance où campait don Raymond de Cardonna. Il n'est pas facile d'évaluer le nombre de nos troupes. Mais en tenant compte des corps qui étaient restés au pied des Alpes, qui s'étaient dirigés sur Gênes, qui tenaient garnison dans les villes conquises ou demeuraient en observation en Piémont, on peut estimer à quarante mille le nombre de nos combattants.

Enfin, dans Milan, outre un corps lombard de quelques mille hommes, étaient rassemblés vingt mille Suisses. Vingt mille autres descendaient par Bellinzona. C'était la fleur de l'Helvétie ; on les avait choisis comme s'il s'agissait, disent les chroniqueurs, de défendre le sol de la patrie, et en fait, ils étaient les maîtres absolus du Milanais. Comme ils n'avaient pas encore mis sur pied une si redoutable armée, comme avec un nombre beaucoup moindre ils avaient mis en déroute et les armées impériales et les armées bourguignonnes, bien plus nombreuses et aussi braves que l'armée actuelle de François Ier, comme aussi ils avaient assez aisément défait naguère à Novare les troupes de Louis XII, ils n'avaient pas le moindre doute sur leur victoire future.

Ils étaient, nous le répétons, renommés invincibles, et l'on disait d'eux qu'il était aussi difficile de les rompre, quand ils étaient immobiles, que de résister à leur élan. Mais la solde s'était fait quelque peu attendre et ils étaient réguliers sur ce chapitre. Cela les avait mal disposés contre le cardinal de Sion, le plus acharné des ennemis de la France et l'homme le plus obéi, le plus respecté de ces montagnards, ses compatriotes. La solde était venue, quoique tard ; le cardinal avait recouvré son empire. Toutefois, messieurs de Berne, qui représentaient la politique dans cette armée, avaient réfléchi. Ils comprenaient l'utilité d'avoir toujours une France à opposer à l'Empire, et l'extermination de la nation française, — sur quoi ils ne faisaient pas grand doute, — leur semblait grosse de périls pour l'avenir. Les graves conseillers de François Ier faisaient, de leur côté, des réflexions analogues. Il ne fallait pas trop affaiblir ces ennemis naturels et vigoureux de l'empire d'Allemagne. Puis, ils n'avaient pas tous les torts, et on avait mollement exécuté le traité dernièrement conclu avec eux à Dijon. En outre, pour tout dire, quoiqu'on ne fût pas inférieur en nombre, on n'était pas sûr d'être les plus forts : les lansquenets, même ceux de la Bande noire, ne valaient pas les Suisses; les *aventuriers*, Gascons et Picards, étaient journaliers et avaient plus d'élan que de résistance; la gendarmerie française avait perdu sa vieille réputation, et, chose curieuse, quoiqu'elle comptât alors parmi ses chefs les hommes qui sont restés, dans la mémoire de tous, comme les types de la valeur guerrière, elle était devenue presque ridicule; et depuis Guinegate et Novarè, ces soldats de Bayard, de la Palisse, d'Aubigny, on ne les nommait plus que les *lièvres armés*. Enfin la défaite, c'était la destruction complète de l'armée et la ruine de la France.

On négociait donc. L'on parvint à s'entendre. Entre autres conditions, il fut conclu que l'on allait leur donner immédiatement cent mille écus, moyennant quoi les Suisses se retireraient. François Ier, qui avait fait fondre la vaisselle d'or du Père du peuple, pour payer cette grosse armée, n'avait pas cette somme, qui représente environ trois millions de notre monnaie. Il emprunta à tout le monde, à commencer par le riche connétable qui prêta dix mille écus. Il envoya ensuite Lautrec et les deux seigneurs de Savoie à Galerate, avec les cent mille écus, bien escortés par un corps de dix mille hommes.

Tout était fini. François n'avait plus qu'à entrer à Milan. Il fit avancer son armée jusqu'au village de Sainte-Brigitte, à peu de distance de Marignan.

Si nous essayons de comprendre les renseignements très-vagues donnés par les témoins de la bataille, nous voyons l'armée française dans une plaine coupée de canaux, de ruisseaux, appuyant son arrière-garde sur Marignan, à cheval sur le grand chemin qui va de Milan à Rome, lequel grand chemin est bordé de canaux assez profonds. L'avant-garde se compose d'environ la moitié des lansquenets, de quelques mille aventuriers français et, en outre, de la maison et des cent cinquante hommes d'armes du connétable; elle est flanquée des gros et petits canons de messire Galiot, lesquels prennent le chemin en pleine volée. Elle appuie, si nous nous rendons bien compte de la situation, son front sur un ruisseau suffisamment guéable.

On nous permettra maintenant d'interroger les nombreux chroniqueurs q i, tout incomplet que chacun soit, peuvent nous fournir, l'un après l'autre, comme les pièces d'une mosaïque représentant la bataille de Marignan ou de Sainte-Brigitte.

Cet appointement du roi avec les Suisses exaspérait le cardinal de Sion et, comme on le pense, déplaisait fort à Maximilien Sforza. Le cardinal voulut essayer un dernier effort. « Il fit sonner le tambourin, fit rassembler tous les Suisses en la grand'place du château de Milan. Il monta sur une chaise, et, comme un renard qui prêche les poules, il harangua cette masse rangée autour de lui. »

« Là, dit Guillaume de Marillac, secrétaire du connétable de Bourbon, dont nous complétons le récit à l'aide des chroniques de Fleuranges et de du Bellay, il commença par élever jusqu'au ciel la nation suisse. Ils étaient les donateurs des princes, car il n'y avait prince qui tînt son État pour assuré s'il n'était ami de la nation suisse. Du côté où ils se rangeaient on tenait la victoire pour certaine ; au contraire, du côté où l'on ne voyait pas les Suisses, on n'attendait que perte et ruine. Avait-il besoin de leur rappeler comment, à la demande du pape Jules, dernièrement mort, ils avaient été incorporés à la Sainte-Ligue, comme son bras droit? Naguère, en l'an 1512, par leur force et hardiesse, n'avaient-ils pas chassé les Français de l'Italie et ne la possédaient-ils pas depuis lors paisiblement et sans conteste? Pour augmenter leur vanité et exalter leur courage, le cardinal leur rappela encore comment, en l'an 1513, ils avaient vaillamment défait, rompu et chassé l'armée du dernier roi Louis de France, à Novare, et rien n'avait tenu devant eux. Ainsi avaient-ils acquis tant de réputation et d'honneur, que le monde entier les redoutait, et si le roi cherchait un arrangement, c'était uniquement parce qu'il avait peur d'eux. Ce serait une trop grande lâcheté à eux de laisser échapper une si importante occasion. Ils avaient devant eux une armée où se trouvaient le roi, les princes, les seigneurs de toute la France, avec tout leur train et leurs richesses, et tout cela, lui, cardinal, il pouvait le leur promettre, allait être à eux bien aisément. La victoire! elle était facile. Comment en douter? on avait bien exagéré le nombre des Français! D'ailleurs, ce roi, ces princes, ces seigneurs, qui aimaient tant leurs aises, avaient autour d'eux bien plus de domestiques pour les servir que de gens de guerre pour combattre.

Ainsi, il ne fallait pas s'effrayer de cette multitude qu'on apercevait à quelques lieues de Milan. De plus, tous ces gens campaient et couchaient aux champs depuis déjà sept ou huit semaines, et ils en étaient si lassés qu'on devait les regarder comme à moitié vaincus ; car le Français veut être mis promptement en besogne. Il y a encore cet avantage, que les Français se fient tellement au traité qu'ils viennent de conclure qu'ils ne font plus ni guet ni garde ; ils ne se soucient que de faire bonne chère, que de dormir ; on les surprendra aisément et on en aura facilement raison. C'était si vrai, que le roi avait donné ordre à Barthélemy d'Alviano de demeurer à Lodi.

« Ainsi, en partant à l'improviste, ils auraient double bénéfice ; ils pourraient, en passant à Buffe-rolle, enlever à M. de Lautrec l'argent que celui-ci leur apporte comme condition du traité ; de plus, avoir aisément raison de l'armée française affaiblie par l'éloignement des troupes vénitiennes et de celles qui escortent M. de Lautrec. Enfin, qu'ils n'oublient pas deux choses : la première, qu'il y a au camp français un trésor qui rendra chacun d'eux riche à jamais et bien plus que tous ses compa-triotes ; la seconde, c'est la gloire immense qu'ils acquerront dans tout l'univers et qui fera d'eux à jamais la nation la plus redoutée.

« Il ajouta encore beaucoup de choses, puis il dit que ceux qui voulaient faire ce qu'il disait levassent la main. Tous le firent, en criant, en leur langage, qu'ils voulaient aller combattre. Alors le cardinal fit défoncer quinze ou vingt tonneaux de vin et avancer une provision de viandes et de pain. Chacun mangea ce qu'il voulut. On distribua aussi des clefs d'étoffe blanche qu'ils pendirent à l'épaule. Ce fut la seule chose qui les distinguât des nôtres ; car pour mieux perpétrer leur trahison, ils portaient, ainsi que nous, l'écharpe blanche, ce qui, nous le verrons, fut cause de la mort de beaucoup de Français.

« Mais parmi les trente-huit mille Suisses qui étaient là, se trouvaient quelques capitaines qui avaient eu des pensions du roi et qui connaissaient la haine et la malice du cardinal de Sion. Parmi eux, le principal était un gentilhomme de Berne, nommé Albert de la Pierre. Il essaya de remontrer aux communes suisses quel mal elles commettraient en faussant leur serment, ajoutant que, quant à lui et à ses compagnons, ils ne voulaient pas obéir, contre leur honneur et celui de leur nation, aux ambitions du cardinal de Sion et de Maximilien. Environ quatorze mille, tant de Berne que de Zurich et d'Underwald, se rangèrent à son avis et so mirent en chemin pour regagner la Suisse. Les vingt-quatre mille autres, accompagnés des Lombards et Milanais, se mirent en chemin pour enlever le camp français.

C'était dans la matinée du jeudi, 13 septembre 1515.

Ils essayèrent d'abord d'aller surprendre M. de Lautrec ; mais celui-ci, averti par ses espions du tumulte qui avait eu lieu dans la ville, « se mit hors du chemin avec les deniers, et les Suisses, ne trouvant pas ce qu'ils cherchaient, passèrent outre pour exécuter leur entreprise contre le roi.

« M. le connétable, qui avait la charge de l'avant-garde, sachant que mondit sieur cardinal, le plus grand ennemi des Français qui fut jamais, était à Milan, n'avait pas entière confiance dans le traité signé par les Helvétiens. Il faisait faire grosse garde, guet et espionnage jour et nuit. Il avait toujours dix ou douze espions qui allaient et venaient constamment du quartier des ennemis au nôtre. Bien nous en prit : car, le jeudi matin, l'un de ces espions, nommé Michel de l'Estrade, Lombard, partit de Milan, traversa en toute hâte les canaux, qui sont larges et profonds, et s'en vint chez M. de Bourbon, vers neuf heures du matin, au moment où le connétable allait se mettre à table pour dîner. Il lui dit à l'oreille que les Suisses sortaient de Milan, que c'était sûrement pour livrer bataille. Il lui montra combien il était mouillé et cela parce qu'il avait été obligé de traverser les fossés, le grand chemin étant occupé par les ennemis. M. de Bourbon émit quelques doutes, l'Estrade offrit sa tête à couper au cas où il n'aurait pas dit la vérité. Le connétable le confia à la garde d'un de ses gentilshommes, repoussa la table et sortit en défendant que nul ne bougeât.

« Il monta à cheval et piqua en diligence vers le roi, qui était avec le corps de bataille. Il lui dit que les Suisses sortaient de Milan pour combattre, qu'il avait en sa possession l'homme qui l'affirmait et qui était encore mouillé de l'eau des canaux qu'il avait traversés pour venir l'avertir. De prime face, le roi ne voulut rien croire, disant que ce même jour les Ligues et Cantons lui avaient envoyé le traité de paix signé et scellé. Il le lui fit montrer. Néanmoins, M. de Bourbon persista en son opinion. »

Fleuranges et le comte de Sancerre, accompagnés de deux cents hommes d'armes, environ douze cents cavaliers, étaient venus dès le matin escarmoucher jusqu'à Milan. Ils virent, tout d'un coup, une grande multitude armée sortir de la ville, qui retentissait des ronflements sourds du cornet du taureau d'Uri et de la vache d'Underwald. Une volée de quatre coulevrines, tirée du château, a éloigné nos Français, et Fleuranges, inquiet de tout ce bruit, pique vers le camp, après avoir laissé sa troupe sous les ordres de ses frères, pour continuer à escarmoucher et observer l'ennemi.

« Il se précipita vers Marignan, où était le roi. Il le trouva en une chambre où il essayait un harnais d'Allemagne pour combattre à pied. Aussitôt qu'il vit ledit Fleuranges, il lui sauta au cou et lui demanda des nouvelles de Milan, en ajoutant : — Comment, vous êtes armé et nous attendons la paix aujourd'hui !

« Sur quoi, Fleuranges lui fit cette réponse : — Sire, il n'est plus question de se moquer ni d'attendre la paix, il vous faut armer et faire sonner l'alarme. Aujourd'hui, vous aurez la bataille, ou je ne connais rien à la nation à qui vous avez à faire.

« Et, pour montrer que ce n'était pas une moquerie, Fleuranges avait avec lui un trompette auquel il fit sonner l'alarme.

« Sur ce propos, arriva un gentilhomme d'armes des ordonnances, que le capitaine Gombaud envoyait à M. de Bourbon, à l'avant-garde, pour l'avertir que ledit capitaine Gombaud avait vu une grande poussière en l'air, venant du côté de Milan, et que ce devait être l'indice d'une grande armée qui s'avançait. Ce gentilhomme, n'ayant pas trouvé

M. de Bourbon à l'avant-garde, le venait trouver jusqu'en la tente du roi. En ce moment accourait un autre messager du capitaine Gombaud, disant que c'étaient bien les Suisses qui s'en venaient en bon ordre, et qu'il était vraisemblable que c'était pour combattre.

« Le roi, suffisamment averti, commanda à M. de Bourbon de retourner à l'avant-garde et de faire armer ses troupes, afin qu'on ne fût pas surpris; ce que fit le connétable. Il vint faire assembler tous les capitaines, fit crier et sonner à l'étendard, afin que chacun se rangeât sous son enseigne. Et il envoyait d'heure en heure, voire de moment en moment, au-devant des ennemis, pour savoir quelle contenance ils avaient, quel chemin ils prenaient.

« Pendant ce temps, le roi avait commencé à s'armer. Il avait pris par la main Barthélemy d'Alviano, qui était dans sa tente, et lui avait dit :

« — Seigneur Barthélemy, je vous prie d'aller en diligence faire marcher votre armée et venez le plus tôt que vous pourrez, soit jour ou nuit, où je serai, car vous voyez que j'en ai besoin. »

Barthélemy d'Alviano partit promptement vers Lodi, où était son armée. Ensuite le roi donna à Fleuranges la mission d'aller observer l'ennemi. Fleuranges sortit, traversa les corps de MM. de la

Palisse et de Bourbon, où il vit que l'alarme était déjà donnée. Il prit avec lui vingt hommes d'armes et courut au-devant des Suisses, qui étaient à deux milles du camp.

« Il était déjà tard, environ deux heures de l'après-midi. Les Suisses, continuant toujours leur fourberie, faisaient divers mouvements pour laisser croire qu'ils étaient sortis de Milan sans autre but que de chercher un lieu propre au campement. Ils avançaient toujours en bon ordre et avec brave contenance. Enfin, il n'y eut plus de doutes sur leurs intentions. On les vit jeter leurs chapeaux et bonnets et délacer leurs souliers pour plus fermement combattre. »

Nous avions pour front de bataille un « grand canal d'eau, profond et large, et qui venait de Milan. Fleuranges avait retrouvé ses deux cents hommes d'armes et les gentilshommes lorrains qui étaient venus faire avec lui l'escarmouche du matin. Il les avait trouvés en position dangereuse, ayant ce canal derrière eux, de façon à ne pouvoir être secourus par le reste de l'armée. Mais il en fallait prendre son parti, et Fleuranges, après avoir fait mettre à chacun de ses hommes son casque, se précipita, avec ses milles cavaliers, sur les Suisses. Pendant ce temps, les lansquenets, voyant engagés les gendarmes de l'Ardenne et de la Lorraine, qui étaient leurs compatriotes, s'ébranlèrent et commencèrent à passer le canal. Mais Fleuranges et sa gendarmerie n'avaient pu tenir. Après avoir mis le feu à une maison où l'ennemi voulait loger son artillerie, et éprouvé des pertes nombreuses, ils furent obligés de repasser le canal en désordre et de rejoindre le corps d'avant-garde. Les Suisses se jetèrent alors sur ceux des lansquenets qui étaient arrivés de l'autre côté du ruisseau, et, tout en les écrasant et en les jetant à l'eau, ils leur criaient qu'ils étaient trahis, abandonnés par les Français; que c'était d'accord avec le roi que eux Suisses se précipitaient sur eux lansquenets, que François Ier voulait ainsi faire traîtreusement exterminer.

Cette idée saisit les Allemands « qui entrèrent en effroi et s'ébranlèrent en déroute. » Les Suisses passèrent le canal, et tandis que deux mille hommes, de ceux que l'on nommait les *enfants perdus*, se jetaient sur notre artillerie, le reste attendait fermement, la pique en avant, le choc de la gendarmerie du connétable qui accourait à la rescousse. M. de Guise, qui commandait les lansquenets, s'efforça de les rallier, en leur montrant les gendarmes français marchant au combat. Ceux-ci, pour rétablir leur renommée entachée dans les dernières batailles, se jetèrent en désespérés sur la masse suisse. Mais ce terrain coupé de fossés se prêtait mal aux charges de cavalerie. Ils ne purent entamer leurs ennemis. On vit tomber les plus illustres, M. François de Bourbon, frère du connétable, le brave Ymbercourt, le comte de Sancerre et une foule de « gens de bien. » Les lansquenets s'étaient remis de leur panique, ils chargeaient en compagnie des *aventuriers* français. Mais il fallut reculer encore, « reculer tellement que l'on crut avoir perdu la bataille. » D'un autre côté notre artillerie était en partie tombée au pouvoir de l'ennemi.

Alors on vit s'avancer le roi, à la tête des princes et des gentilshommes de sa maison, escortant deux mille hommes, la fleur des aventuriers français, qui s'élancèrent au secours de Galiot de Genouillac, tandis que les célèbres lansquenets de la Bande noire se dirigeaient contre leurs rivaux détestés les montagnards des petits cantons. Le roi était déjà au milieu des ennemis. C'est lui qui va nous raconter cette première journée de la bataille :

« Hier, vers une heure après midi, notre guet nous avertit que les Suisses se jetaient hors de la ville pour nous venir combattre. Nous plaçâmes notre infanterie en trois troupes, de chaque côté de l'avenue que suivaient les ennemis pour venir à nous.

Deux de ces troupes, formant neuf mille hommes, se composaient de lansquenets; la troisième comptait ces quatre mille *aventuriers* et gens de parti français que l'on nomme les *enfants perdus* de Pèdre de Navarre. Quant à notre gendarmerie, elle était au milieu; mais comme l'avenue était un peu resserrée, nous ne pûmes disposer notre cavalerie comme il l'eût fallu, et cela nous mit en désordre.

« Moi, avec le corps de bataille, j'étais à un trait d'arc de l'avant-garde, ma gendarmerie divisée en deux corps, et les lansquenets et gens de pied français toujours de chaque côté de nous; mon frère d'Alençon, derrière moi, commandait l'arrière-garde. Notre artillerie était placée de chaque côté de l'avenue.

« Quant aux Suisses, ils étaient divisés en trois troupes, deux de dix mille hommes et une de huit mille, et je vous assure qu'ils venaient bien délibérés de châtier un prince qui n'eût pas été accompagné. Car d'entrée de table et aussitôt qu'ils entendirent notre artillerie tonner, ils prirent le pays couvert. Le soleil commençait à se coucher. Nous ne leur fîmes pas grand mal pour lors avec nos canons, et je puis dire qu'il est impossible de charger avec plus d'impétuosité qu'ils ne firent.

« Ils assaillirent en flanc la cavalerie de l'avant-garde, et bien que ceux-ci chargeassent gaillarde-

Bataille de Marignan. (13 septembre 1515.)

ment, conduits qu'ils étaient par le connétable, le
maréchal Chabannes, Ymbercourt, Teligny, Pont-
de-Remy, ils furent rejetés sur leurs gens de pied.
La nuit venait. Il y avait beaucoup de poussière, on
ne se pouvait voir. Là nous fûmes mis en désordre.
Dieu me fit la grâce d'arriver alors sur le côté de
ceux qui poussaient notre avant-garde. Je pensai
qu'il fallait les charger, je les chargeai. Je vous
promets bien que, si gentils galants qu'ils fussent, à
deux cents hommes d'armes que nous étions, nous
mîmes en déroute quatre mille Suisses et les repous-
sâmes en leur faisant jeter leurs piques et crier :
France ! Cela donna haleine à nos gens. Nous conti-
nuâmes notre route et allâmes donner dans une
autre bande de huit mille hommes. Nous pensions
que c'étaient nos lansquenets, car le nuit était déjà
bien noire. Toutefois quand nous eûmes crié : France !
je vous jure qu'ils nous montrèrent bien qu'ils
n'étaient pas nos amis en nous jetant cinq ou six
cents piques au nez. Néanmoins, nous les forçâmes
à reculer et à laisser nos lansquenets qu'ils poursuivaient l'épée dans les reins.

« La nuit était devenue toute noire. Heureusement la lune se leva, sans quoi il eût été impossible
de se reconnaître. Je m'allai jeter au milieu de
l'artillerie, où l'on se battait ; je pus rallier cinq ou

six mille lansquenets et trois cents hommes d'armes, et ainsi je résistai à la grosse troupe des Suisses. Pendant ce temps, mon frère le connétable ralliait les piétons français et quelque peu de gens d'armes, et fit une charge si rude contre un corps de six mille ennemis qu'il le repoussa. Moi, de l'autre côté, je fis tirer une volée d'artillerie sur la division qui m'attaquait, puis je me lançai sur eux, et après un rude combat, nous les forçâmes, eux aussi, à reculer et à repasser le gué. Cela fait, nous ralliâmes nos gens du mieux que nous pûmes et nous vînmes rejoindre l'artillerie.

« La nuit était redevenue toute noire, le combat cessa. Mais il n'y avait qu'un fossé entre nous et les ennemis ; ils étaient si près de moi que je les eusse bien atteints avec une balle du jeu de paume. »

François rend bien la confusion de cette bataille qui se livrait, la nuit, à la lune, au milieu des flots de poussière, entre gens acharnés, en désordre, coupés en un nombre infini de petites bandes mêlées l'une à l'autre sans qu'il fût possible d'exécuter quelque manœuvre d'ensemble, quelque mouvement stratégique. On revenait à la bataille homérique. Le roi se battait comme un simple soldat. « Je vous jure ma foi, dit Fleuranges, qu'il fut un des plus gentils capitaines de son armée ; il fut en

grand danger de sa personne, car il eut sa grande
buffe, — sa cuirasse de buffle, — percée à jour
d'un coup de pique. » Les autres Français ne montrèrent pas moins de courage. Le bon duc Antoine
de Lorraine, qui venait de se marier tout nouvelle-
ment, se lança dans la presse comme un vieux gendarme. « Il combattit bien vertueusement, raconte
Symphorien Champier, et eut son cheval tué sous
lui. Le seigneur de Bayard, lequel était son lieutenant, voyant ledit seigneur en la presse, au milieu
des Suisses, en grand danger, marcha vivement
vers lui, en criant à haute voix : « Suisses, traîtres
et vilains maudits, retournez manger du fromage
en vos montagnes, car bientôt cela ne vous sera plus
possible. Demandez à Dieu pardon de votre trahison,
demain il ne sera plus temps ! » Et il frappait sur
les Suisses à tort et à travers, à droite et à gauche,
devant et derrière, et il les effrayait tant par sa
hardiesse qu'il n'y en avait aucun qui osât l'attaquer.

La nuit était donc venue, puis l'obscurité profonde. Chaque petite troupe des deux armées
continua pendant quelque temps cette chasse à
l'homme, « car chacun ne savait où il allait, et on
tuait partout où l'on trouvait un ennemi. » Bientôt
on s'égara de plus en plus, chacun s'arrêta où il
se trouvait, les Suisses dans le camp français,

les Français parmi les Suisses. Mais le bruit des trompettes qui dominait d'un côté, tandis que de l'autre on entendait le son sauvage des cornets, ne tarda pas à indiquer à chacun où étaient les amis et les ennemis. Par-dessus tout sonnait la grande trompette du roi. Chacun s'efforçait de rejoindre les siens à travers l'obscurité, mais ce n'était ni facile ni sans danger.

« A la dernière charge que l'on fit avant la nuit fermée, le bon chevalier Bayard était monté sur un gaillard cheval qui était le second de la journée, car la première charge il lui en fut tué un entre les jambes. En ce moment il était tellement dans la mêlée que ce deuxième cheval ayant eu la bride cassée à coups de pique, et se sentant sans frein, se mit au galop. Malgré les efforts et les coups des Suisses, il renversa tout et emporta le bon chevalier hors de la presse. Mais c'était pour le jeter dans une autre troupe d'ennemis vers laquelle il se dirigeait sans que rien pût l'arrêter. Bayard était bien effrayé, car il savait que sans remède il eût été mis à mort par ces vilains s'il fût tombé en leurs mains. Heureusement le cheval fut enlacé et arrêté par ces vignes emmêlées qui sont suspendues d'arbre en arbre. Le bon chevalier ne perdit pas la tête. Il descendit tout doucement, se débarrassa de son casque et de ses cuissards, puis sans bruit, à quatre pattes, le long d'un fossé, il rampa vers l'endroit où il supposait que se trouvait le camp des Français. Il entendit, en effet, bientôt crier : France ! Dieu lui fit encore cette grâce que la première personne qu'il rencontra fut justement le duc de Lorraine, lequel fut bien surpris de le voir à pied et dans cet accoutrement. Il lui fit immédiatement donner un cheval excellent nommé le Carmen. Le bon chevalier était bien content d'avoir échappé à un si grand danger et d'être monté sur un si bon cheval, mais fâché de n'avoir pas d'armes pour le lendemain, car en telles affaires il est fort dangereux d'avoir la tête nue. Il avisa un gentilhomme qui faisait porter son casque par un page, il s'avança et lui dit :

« — J'ai sué d'avoir été si longtemps à pied, j'ai peur de me morfondre. Je vous en prie, dites à à votre homme de me prêter votre armet pour une heure ou deux.

« Le gentilhomme y consentit, mais le bon chevalier garda le heaume jusqu'à la fin de la bataille du lendemain.

« Le roi était resté à côté de l'artillerie, qu'il ne voulut jamais abandonner quoiqu'il n'eût avec lui aucun homme de pied. Les Suisses en étaient tout proche, à la distance d'une portée d'arc. Mais ils ne pouvaient rien apercevoir, car le roi avait fait éteindre un feu qui brûlait auprès de cette artillerie, afin que les ennemis ne pussent voir combien elle était mal défendue. Il restait là à cheval, avec tous ceux de sa maison, aussi à cheval, sans oser bouger, mangeant et buvant, ceux qui avaient quelque flacon au bissac. Les trompettes et les clairons sonnaient par toute la plaine et sonnèrent toute la nuit. Le roi demanda bientôt à boire, car il était fort altéré. Un soldat alla lui querir de l'eau au ruisseau. Mais cette eau était mélangée du sang qui coulait de partout, et cela, joint, à la grande fatigue et au grand chaud, fit tant de mal audit seigneur roi qu'il ne lui demeura rien dans le corps. Il descendit alors et se mit dans un caisson d'artillerie pour se reposer un peu et soulager son cheval qui était fort blessé.

« Il avait avec lui un trompette italien nommé Christophe, qui le servit merveilleusement bien, car il ne le quitta pas, et on entendait sa sonnerie au-dessus de toutes les autres, de sorte que les Français apprenaient où était le roi et se retiraient vers lui. M. de Vendôme et Fleuranges, qui savait l'allemand, rallièrent les lansquenets, si bien que le roi en eut bientôt autour de lui près de quatre mille. On envoya quelques volées d'artillerie au milieu d'un grand feu autour duquel se rassemblaient les ennemis comme pour venir nous charger. Ils se tinrent tranquilles, bien que nul instant de la nuit ne se passât sans quelque petit combat. Puis tandis que nos trompettes appelaient les Français auprès du roi, le Taureau d'Uri et la Vache d'Underwald rassemblaient aussi les Helvétiens. »

On ne savait qui avait eu du pire. Mais les montagnards se considéraient comme ayant gagné le prix de cette journée, puisqu'ils nous avaient mis en désordre. C'était aussi, paraît-il, l'opinion générale, et à Milan et jusqu'au camp de nos alliés vénitiens, la rumeur annonça que nous étions battus. Les chefs suisses, entretenus dans leurs idées de convoitise et d'insolence, se promettaient de compléter le lendemain leur victoire.

Aux premières lueurs de l'aube on put voir l'armée ennemie reformée et François Ier remonter sur son cheval à côté de son artillerie qu'entouraient vingt mille piétons et une masse de gendarmerie. C'était évidemment autour de ces canons qu'allait se porter l'effort du nouveau combat.

« Bayard était déjà éveillé et il allait de l'un à l'autre en disant assez bas :

« — Amis, il faut éveiller ces Suisses, ils dorment trop. Allons, réveillons-les. Nous allons les battre cette fois ! Puis il s'en vint au maître de l'artillerie et lui dit : — Monsieur, il faut donner sur ce quartier là-bas, à main droite, là où vous voyez cette enseigne et la plus grosse masse. Mais, je vous en prie, tirez sept ou huit pièces ensemble, pour bien les éveiller, car ils ont trop dormi. »

Le maître de l'artillerie fit, en effet, charger huit des plus grosses pièces et les tira l'une après l'au-tre, et elles causèrent un tel dommage qu'on eût vu les Suisses sauter en l'air comme de la poudre. Alors la bataille commença plus furieuse qu'elle n'avait été le soir. Les ennemis étaient merveilleu-sement délibérés, preux et hardis, et s'ils avaient bien âprement assailli nos bataillons le jour précé-dent, encore et plus firent-ils ce matin-là. Ils avaient fait placer leur artillerie dans la maison brûlée la veille par Fleuranges et de là tiraient de façon à mettre en danger la vie du roi et des sei-gneurs qui l'accompagnaient. Quand Galiot de Genouillac les eut délogés, ils se précipitèrent les uns sur le corps du connétable, les autres sur le corps du roi avec une telle impétuosité « que je vis là, dit du Bellay, un de nos bataillons de lansque-nets être reculé de plus de cent pas et un Suisse dépassant tous ses camarades venir jusqu'à l'artillerie auprès de laquelle était le roi et s'y faire tuer. Nous étions en grand hasard. Les gendarmes s'avancèrent pour soutenir le faix, car une autre bande s'approchait pour renforcer celle qui donnait sur le roi et l'artillerie. Fleuranges, Bayard, Bussy d'Amboise, avec leurs hommes, se jetèrent sur eux en flanc. Fleuranges et ses hommes d'armes furent renversés, et sans M. de Bayard, qui tint bon, l'affaire devenait mauvaise. »

Quand Fleuranges remonta à cheval, les Suisses gardaient la position en face de François Ier. Un corps ennemi filait sur les côtés pour aller attaquer les bagages et l'arrière-garde qui n'avait pu se trouver à la bataille de la veille. A l'autre extrémité du champ de bataille, ils avaient commencé par se rendre maîtres du camp du connétable. Mais bientôt on put croire qu'ils cédaient enfin. Au moins s'étaient-ils laissés surprendre par les *aventuriers* dans le logis de M. de Bourbon, au moment où ils vidaient une charretée de vin de Beaume que ledit connétable avait reçu la veille. On avait mis le feu à la maison, après avoir enfoncé les portes, et huit cents d'entre eux avaient été brûlés dans les greniers ou étouffés dans les caves. Le reste se sauvait, mais en se défendant, en tuant Bussy d'Amboise et bien d'autres, et en travaillant énergiquement à se reformer.

C'est encore François Ier qui va nous résumer cette seconde partie du combat :

« Dès qu'il fit assez jour pour que nous pussions y voir, je me jetai hors de notre retranchement avec les deux cents gentilshommes qui m'étaient restés du combat de la veille, et j'envoyai querir le grand-maître qui vint me rejoindre avec trois cents hommes d'armes. Cela fait, messieurs les Suisses sortirent, mais je leurs fis envoyer une douzaine de coups de canon qui les renversèrent, de sorte qu'au grand trot ils rentrèrent en leur camp pour se reformer. Ils se divisèrent en deux corps qui filèrent chacun d'un côté, tandis qu'ils laissaient à mon nez huit mille hommes et toute leur artillerie dans une situation tellement forte que nous ne les pouvions déloger. Les autres corps allèrent attaquer mon frère le connétable et mon frère d'Alençon. Le premier fut vigoureusement repoussé par les aventuriers français de Pèdre de Navarre. Il se rallia en une troupe de cinq à six mille, que les aventuriers défirent avec l'aide du connétable et de sa gendarmerie.

« L'autre bande, qui attaqua mon frère d'Alençon, fut vivement reçue par lui. A cette heure arrivait Barthélemy d'Alviano avec sa cavalerie vénitienne d'avant-garde. Il se précipita sur eux et les acheva.

« Pendant ce temps, j'étais devant les piétons de la grosse troupe. Nous nous bombardions réciproquement, et c'était à qui délogerait l'autre. Nous avons tenu tête pendant huit heures à toute l'artillerie suisse qui fit, je vous assure, baisser beaucoup de nos fronts. Enfin, de cette grosse bande qui me faisait tête, se détachèrent cinq mille hommes, qui mirent en déroute ceux de nos gendarmes poursuivant les ennemis défaits par mon frère d'Alençon, puis ils vinrent jusqu'aux lanquenets, où ils furent si bien accueillis, à coups de lance, d'arquebuse et de canon, qu'il n'en échappa la queue d'un. Enfin nous fîmes semblant de marcher contre ceux qui occupaient encore le camp. A cette démonstration, ils se mirent en désordre et, abandonnant leur artillerie, s'enfuirent jusqu'à Milan.

« De vingt-huit mille qu'ils étaient, il n'en échappa que trois mille, tandis que nous n'avions guère perdu que quatre mille des nôtres. La bataille a été longue. Elle dura depuis hier trois heures après midi jusqu'aujourd'hui deux heures, sans qu'on ait jamais su qui avait perdu ou gagné, sans cesser de combattre ou de canonner jour et nuit. Je vous assure que j'ai vu nos fantassins mesurer la lance aux Suisses, et l'on ne dira plus que les gens d'armes sont des lièvres armés, car vraiment ce sont eux qui ont fait la besogne, et je ne crois pas mentir en disant que, par cinq cents à la fois, ils ont fait plus de trente belles charges. Tout bien débattu, depuis deux mille ans, on n'a vu ni si fière ni si cruelle bataille, et ceux qui étaient à Ravenne disent que ce ne fut qu'une chasse au faucon ou un combat de nains, comparé à ceci. Faites bien remercier Dieu par tout le royaume, car je lui ai plus d'obligation que gentilhomme de France. »

En cette bataille, en effet, comme le dit un des chroniqueurs, Dieu s'était montré bon Français. François exagérait les pertes faites par les Suisses, qui laissèrent, non pas vingt-cinq mille, mais quinze mille hommes sur le champ de bataille. Il ne nous montre pas non plus la fin très-pittoresque de l'affaire : une partie de ces Suisses brûlés vifs, d'autres exterminés par les Gascons dans un bois où ils s'étaient reformés, les autres se retirant toujours en combattant, tuant, outre Bussy d'Amboise, le comte de Petiliano, commandant une bande de Véni-tiens qui avaient paru à dix heures sur le champ de bataille et activé la retraite. Mais il n'exagéra pas la grandeur de la lutte et l'importance de la victoire.

Ce fut une bataille de géants, dit le vieux maréchal Trivulce.

L'Italie était à la merci du jeune roi, dont la renommée se répandit immédiatement par toute l'Europe, en lui créant des ennemis. Charles d'Autriche, son allié, s'éloigna de lui. Henri VIII pleura d'envie et fit immédiatement un traité avec les ennemis de François, le roi des Romains et le roi d'Espagne. Quant à la Suisse, après avoir songé à mettre tout le peuple sur pied pour venger cette défaite, elle s'apaisa peu à peu et rentra pour toujours dans l'alliance française.

Après la bataille, le roi avait appelé le noble Bayard ; il lui dit : « — Bayard, mon ami, je veux aujourd'hui être fait chevalier par vos mains.

« A quoi répondit Bayard : — Sire, celui qui est couronné, sacré, oint de l'huile envoyée du ciel, roi d'un si noble royaume, le premier fils de l'Église, est chevalier par-dessus tous les autres.

« — Bayard, dit le roi, dépêchez-vous. Il n'est pas ici besoin d'alléguer ni lois ni canons, soit d'acier, de cuivre ou de fer ; faites mon vouloir si vous voulez être au nombre de mes bons serviteurs.

« — Certes, répond alors Bayard, ce n'est pas assez d'une fois. Puisque vous le voulez, je le ferai sans compter, pour accomplir, moi, indigne, votre commandement.

« Alors il prit son épée et dit : — Autant vaille mon action que si j'étais Roland ou Olivier, Godefroy ou Baudouin son frère. Vous êtes, sire, le premier prince que j'aie fait chevalier. Dieu veuille qu'en guerre vous ne preniez jamais la fuite.

« Après quoi, par manière de jeu, il leva son épée de la main droite et cria à haute voix : — Tu es bienheureuse, ma bonne épée, d'avoir aujourd'hui donné à un si beau et si puissant roi l'ordre de chevalerie ! Certes, vous serez bien gardée comme une relique, honorée entre toutes, et je ne vous porterai jamais, si ce n'est contre les Turcs, Sarrasins ou Mores. »

Après quoi il fit deux sauts et remit son épée au fourreau.

Cette victoire nous valut Milan, que nous enlevâmes à Maximilien Sforza. Celui-ci se consola aisément en disant qu'au moins était-il heureux d'être débarrassé de l'insolence des Suisses, des exactions de l'Empereur et des fourberies des Espagnols. Nos pertes, on l'a vu, avaient été nombreuses et graves. Beaucoup de capitaines célèbres et chers au roi étaient restés sur le champ de bataille.

Un chroniqueur, le continuateur de Robert Gaguin,

nous donne à la fin de son récit un détail charmant
et touchant qui fait bien contraste avec cette coupe
pleine de sang qu'on présente à François pour le
rafraichir. Il nous montre un messager arrivant à
la fin de l'action, lui apportant un portrait peint par
Jean de Parıs, l'*Apelle de notre temps,* un portrait
de son enfant premier né, de la petite fille que vient
de lui donner sa femme, la bonne reine Claude, un
portrait qu'il regarde souvent pour se consoler de
la perte de tant de braves, de tant d'amis dévoués.

DÉFENSE DE MÉZIÈRES

1521

Bayard.

Au mois de mars 1521, une armée impériale de quarante mille hommes ravageait le duché de Bouillon. Cette armée était bien près de nos frontières ; la mauvaise foi de Charles-Quint était connue, et comme ces quarante mille hommes étaient commandés non pas seulement par le politique comte de Nassau, mais aussi par François de Sickingen, autant chef de brigands que général d'armée, on pouvait tout craindre de ce voisinage.

Mais Nassau prenait les plus minutieuses précautions pour rassurer les Français ; il affirmait en toute circonstance que l'Empereur n'avait pas de plus ardent désir que de rester bon ami du roi François, et il montrait la plus grande sévérité contre ceux de ses soldats qui pillaient Jacques Bonhomme. Puis tout d'un coup il entre en France avec ses troupes, s'empare de Mouzon et vient poster trente-cinq mille hommes devant Mézières.

François Ier ne s'attendait pas à cette invasion. Il n'avait aucune armée à opposer à celle-là. Il avait même pris soin, pour éviter la moindre cause de querelle, de retirer tout secours à ses alliés, les seigneurs de Bouillon. Il croyait donc pouvoir se fier aux assurances de l'Empereur et de ses généraux. Mézières était dégarnie, en mauvais état de défense. C'était pourtant la clef de la Champagne, et comme le disent les chansons populaires qui furent nombreuses sur ce siége et sur ceux qui défendirent la ville :

> Sans eux le royaume de France
> Était en danger d'un bon quart.

« Si cette ville se perdait, dit la Chronique de Bayard, la Champagne était en mauvais parti. Le roi de France, qui le savait, manda soudainement qu'on envoyât le bon chevalier Bayard dans cette ville comme son lieutenant général, disant qu'il n'y avait homme en qui il se fiât plus. Il était sûr, ajoutait-il, que cet homme expérimenté et sans peur défendrait la position jusqu'à ce que la France eût eu le temps de rassembler une armée pour résister aux conséquences de cette trahison de l'Empereur. Le bon chevalier n'eût pas donné ce commandement pour trois millions. »

« Peu de jours après, écrit du Bellay, y entra messire Anne de Montmorency, jeune homme de grand cœur, qui amena avec lui beaucoup de jeunesse de la cour, et entre autres Claude d'Annebaut, le seigneur de Lucé, le seigneur de Villeclair et plusieurs autres, ce qui donna assurance aux soldats qui étaient dans la ville. Il y avait là d'abord la compagnie de cent hommes d'armes du duc de Lorraine dont Bayard était lieutenant, puis la compagnie du seigneur d'Orval, gouverneur de Champagne, compagnie comptant le même nombre de gens de pied, enfin, deux corps de mille fantassins, l'un sous le commandement du baron de Montmoreau, l'autre sous celui de l'écuyer Boucal, surnommé du Reffuge. »

« Bayard, dit Symphorien Champier, avait trouvé la ville très-faible et très-aisée à battre. Il fit une merveilleuse diligence pour remparer les murs, et, afin de donner courage aux maçons, pionniers, charpentiers, gagne-deniers, portefaix, lui-même et ses gentilshommes portaient de la terre et des pierres. Quand les *aventuriers* (les fantassins) virent leurs chefs se mêler ainsi à la besogne, ils s'y mirent de si grand cœur, travaillant depuis le matin jusqu'au soir et souvent la nuit, qu'en peu de jours les remparts furent réparés.

« — Eh! comment, messieurs! disait le bon chevalier, nous sera-t-il reproché que par notre faute cette ville aura été perdue, quand nous nous trouvons ici en si belle compagnie et tous gens de valeur! Il me semble que, quand nous serions en un pré et n'ayant devant nous qu'un fossé de quatre pieds, nous combattrions un jour entier sans être défaits. Dieu merci! nous avons fossé, muraille, rempart où je crois que les ennemis ne mettront pas le pied avant que beaucoup de leur compagnie ne dorment dans les fossés.

« Bref, il donnait tant de courage aux gens, qu'ils croyaient être dans la plus forte place du monde. »

Vers la fin d'août 1521, le comte de Nassau et François de Sickingen parurent avec leur armée devant la ville, « dont il ne semble pas mal à propos de décrire la situation. La rivière de Meuse, venant de Mouzon et de Sedan, passe le long des murailles; puis, dessinant un arc et faisant un circuit d'environ une lieue de longueur et retournant tout court, revient passer de l'autre côté de la ville, longeant encore la muraille, de sorte qu'elle forme là une presqu'île, une sorte de Péloponèse. La ville ne

Défense de Mézières.

touche donc à la terre ferme que par un endroit, là où est l'entrée, la porte qu'on nomme de Bourgogne, du côté des Ardennes. Elle n'est fermée que par environ deux cents toises de murs, mais la Meuse lui sert de rempart, laquelle, après l'avoir ainsi enclose, descend vers Château-Renaud, Dinant, Namur, Liége et va se décharger dans le Rhin.

« Le siége fut assis en deux endroits. François de Sickingen, avec quinze mille hommes, ferma la presqu'île. Nassau, avec vingt mille, alla s'établir en face de la cité, de l'autre côté de la rivière.

« Le lendemain, ils envoyèrent un héraut d'armes vers le bon chevalier pour lui remontrer qu'il eût à rendre la ville, qui n'était pas tenable contre leur puissance. A cause de la grande chevalerie qu'il y avait en lui, ils seraient fort malheureux, disaient-ils, qu'il fût pris d'assaut, car son honneur en diminuerait et peut-être y perdrait-il la vie. Il ne faut qu'un malheur pour faire oublier les plus hauts faits ! Et ils ajoutaient que, s'il voulait entendre raison, ils lui feraient les plus honorables conditions de capitulation.

« Le héraut ajouta plusieurs autres beaux propos. Le bon chevalier l'écoutait en souriant, et comme il n'a pas besoin d'aide pour répondre à qui que ce soit au monde, après l'avoir bien écouté, il lui dit vivement :

« — Mon ami, je m'ébahis de la gracieuseté que nous font Mgrs de Nassau et de Sickingen. Je n'ai jamais eu la moindre relation avec eux, et ils prennent pour ma renommée et pour ma vie des précautions merveilleuses. Héraut, mon ami, retournez-vous-en et dites-leur que le roi mon maître avait pour garder cette ville des gens de bien plus de mérite que moi. Mais puisqu'il a bien voulu s'en fier à Bayard, Bayard la gardera si longtemps, que vos maîtres s'ennuieront plus de m'assiéger que moi d'être assiégé. Allez. Je ne suis plus un enfant qu'on étonne avec des paroles ! »

Il ordonna qu'on festoyât bien le héraut et qu'on le mît hors des murs. Celui-ci rapporta au camp la réponse du bon chevalier, qui avait ajouté qu'il ne songerait à quitter la ville que quand il aurait fait dans les fossés, avec les cadavres ennemis, un pont qui lui permettrait de sortir sans se gêner. Les Allemands, furieux, établirent leurs batteries, dont quelques-unes, placées sur une montagne voisine par François de Sickingen, dominaient la ville, et, plongeant dans l'intérieur, atteignaient tous les quartiers. En moins de trois jours on tira du côté des Impériaux cinq mille coups de canon. Cette grêle de boulets jeta en un tel effroi le corps des mille fantassins du baron de Montmoreau que, malgré les efforts de leurs officiers, tous s'enfuirent, qui par la porte, qui par la muraille.

Bayard ne voulut pas qu'on les retînt. Il était bien aise, disait-il, de cette fuite qui le débarrassait de recrues ; d'ailleurs ils étaient trop nombreux, et quel honneur eussent pu acquérir tant de gens chargés de la défense d'une ville contre les Allemands !

L'assurance du chef donnait grand cœur aux soldats et, disent les chansons, même les gens de bagage étaient prêts à mourir pour la France, « bien que la mort soit un passage désagréable! »

Le siége n'avançait guère. Bayard refaisait la nuit les murailles qu'on lui détruisait le jour. François de Sickingen était si convaincu de la bonté des arguments qu'il avait présentés à Bayard, qu'il songea à les renouveler :

« Quand le siége eut duré environ quinze jours, dit encore Symphorien Champier, le seigneur Francisque envoya un héraut au seigneur Bayard pour lui demander s'il était délibéré de se défendre plus longtemps. Il serait vraiment bien fâché, lui, Francisque de Sickingen, qu'un homme dont il avait entendu dire tant de bien mourût pour la défense d'une

place si faible qu'un homme d'esprit, un homme
sage ne saurait la vouloir tenir. Mouzon, bien plus
forte, a dû céder, et il aurait grand regret que le
seigneur de Bayard, si renommé par le monde, prît
déshonneur par un excès de témérité et d'outre-
cuidance.

« A quoi répondit par lettre le noble Bayard :
« Seigneur Francisque, j'ai écouté ce que vous m'a-
« vez mandé par votre héraut. En droit, je pourrais
« n'y pas répondre. Mais afin que vous sachiez
« que Bayard de France ne craint ni roussin ni
« grosse panse d'Allemagne, je vous dis qu'en effet
« il y a un mois Mézières n'était ni forte ni défenda-
« ble; mais depuis que nous y sommes, elle est de-
« venue imprenable : car mes compagnons et moi,
« nous mettons l'honneur au-dessus de tout, et
« avec nous une ville est fortifiée même sans mu-
« railles. Vous parlez de Mouzon, que vous avez
« prise par trahison. Si nous avions été avertis et
« que nous y fussions allés, vous n'auriez pas tardé
« à retourner pilloter vos voisins d'Allemagne. On
« connaît bien, seigneur Francisque, que vous n'a-
« vez guère hanté la France, et que vous croyez
« parler à quelque pillard de village comme il y
« en a tant chez vous ! Maintenant écoutez bien ceci,
« Francisque : faites du pire que vous pourrez,

« mais ne dormez guère la nuit, car je vous pro-
« mets que Bayard souvent vous réveillera et vous
« empêchera de trop dormir et de trop vous amu-
« ser. »

« Quand Sickingen lut cette lettre, il devint comme
fou. — Certes, je n'eusse pas pensé, dit-il, que Bayard eût répondu si rudement en un lieu où il est
en telle presse et où il est impossible à homme du
monde de se défendre. — Vous ne connaissez pas le
capitaine Bayard, dit un comte allemand, si vous
pensez l'endormir par paroles. Vous n'aurez jamais
Mézières tant qu'il vivra, car il n'y a Français à
qui il ne communique son courage. Tous ses soldats
aimeraient mieux mourir qu'agir contre sa volonté,
et tous ceux qui sont dans Mézières seront des
Bayard tant que Bayard sera en vie.

« Il y avait là un capitaine picard nommé Grand
Jehan, qui avait été en Italie avec Bayard et qui était
passé au service de l'Empereur. Il dit tout haut aux
seigneurs du Nassau et de Sickingen : — Messeigneurs, cela est vrai. Ne vous attendez pas, tant
que vivra Mgr Bayard, d'entrer dans Mézières.
Je le connais, il m'a plusieurs fois mené à la guerre.
Il a ce don de rendre hardis les plus couards des
hommes. Sachez que tous ceux qui sont avec lui
mourront à la brèche, lui, tout le premier, avant

que nous entrions dans la ville. Pour moi, je voudrais qu'il y eût deux mille hommes de guerre en plus et qu'il n'y fût point. — Capitaine Grand Jehan, répondit le comte, Bayard n'est de fer ni d'acier pas plus qu'un autre, et nous lui ferons donner tant de coups de canon, qu'il ne saura de quel côté se tourner. — On verra ce qui en sera, répliqua le capitaine Grand Jehan. Mais vous ne l'aurez pas comme vous pensez. »

En effet, les assiégés faisaient chaque jour des sorties sur l'ennemi, qui leur rapportaient profit et honneur. Et les assiégeants n'osaient donner l'assaut.

François de Sickingen cherchait, par tous les moyens de trahison, à faire assassiner le noble Bayard. Mais celui-ci connaissait la malice et la tyrannie de cet Allemand, homme sans conscience qui, toute sa vie, n'avait fait que voler, piller, surprendre les gens, chercher toute mauvaise occasion de guerre et de querelles; de sorte qu'il déjouait tous les efforts de Sickingen.

Le siége durait depuis un mois. Le roi avait mis le temps à profit. Il était venu à Troyes en Champagne, et avait commencé à former une armée et à mettre des hommes dans les petites villes qui sont le long de la rivière de l'Aisne, pour resserrer un peu les ennemis, pour les empêcher de piller le pays.

Mais cela ne portait pas grand aide à nos assiégés, qui au bout d'un mois commencèrent à manquer de tout, même d'hommes, à cause des maladies et dyssenteries qui s'étaient mises dans l'armée. Il devenait malaisé de fournir aux gardes nécessaires. Ils étaient surtout incommodés par le grand feu des ennemis, qui avaient fait des brèches depuis la tour qui fait le coin du côté d'Attigny jusqu'à la tour Jolie, et depuis celle-ci jusqu'à la porte de Bourgogne.

« Le bon chevalier, continue la chronique, était tenu pour un des plus hardis hommes du monde, mais il avait une autre qualité qui était autant à louer en lui : il était un des plus vigilants et des plus subtils guerroyeurs qu'on pût trouver. Il avisa donc à faire passer l'eau au seigneur Francisque, car c'était par lui qu'il était surtout endommagé. Pour cela, il écrivit à messire Robert de la Marche qui était à Sedan :

« Monseigneur, je crois que vous êtes assez averti que je suis assiégé de ce côté-ci de la rivière par le seigneur Francisque, de l'autre côté par le comte de Nassau. Je me rappelle qu'il y a six mois, vous me dites que vous cherchiez à amener au service du roi, notre maitre, ce comte de Nassau, qui est votre parent. Comme il a bonne réputation militaire, j'en serais fort aise; et si vous voyez moyen d'y arriver, je vous engage à y travailler et plutôt aujourd'hui que demain. Car je vous annonce qu'avant vingt-quatre heures son camp et celui de Sickingen seront taillés en pièces. A trois lieues d'ici vont venir coucher douze mille Suisses et huit cents hommes d'armes (de quatre à cinq mille cavaliers). Demain, à la pointe du jour, ils donneront sur le camp ennemi; moi, je sortirai de mon côté, et les Allemands seront bien habiles s'ils échappent. Je n'ai pas besoin de vous prier de tenir la chose secrète.

« Cette lettre écrite, il fit venir un paysan, lui donna un écu et lui dit : — Va-t'en, avec toutes précautions, à Sedan. Tu remettras cette lettre à messire Robert et lui diras que c'est le capitaine Bayard qui la lui envoie.

« Il savait bien qu'il était impossible de passer sans être pris par les gens du seigneur Francisque. Ce qui fut fait. Le paysan fut amené devant Sickingen, qui lui demanda où il allait. Le pauvre homme avait belle peur de mourir, et il était, en effet, en grand danger. Il répondit : — Monseigneur, le grand capitaine qui est dedans notre ville m'a envoyé porter une lettre à messire Robert à Sédan. Et il la tira d'une petite bourse qu'il avait cachée.

« Quand le seigneur de Sickingen eut lu cette lettre, il fut bien étonné. Comme il y avait eu quelque pique entre eux, il commença à soupçonner que le comte de Nassau lui avait fait passer l'eau pour le faire tailler en pièces. Il s'écria : — Je vois bien que Mgr de Nassau cherche à me perdre, mais, par le sang Dieu, il n'en sera pas ainsi.

« Il fit battre le tambour à l'étendard, rassembla son armée et commença à passer l'eau. Quand Nassau entendit ce bruit, il envoya savoir ce que cela voulait dire. Son messager trouva le camp du seigneur Francisque en armes. Il s'informa. On lui dit que Sickingen voulait passer l'eau. Il retourna le dire à Nassau, qui fut bien étonné, car c'était en quelque sorte lever le siége. Il envoya un de ses plus privés conseillers ordonner à Sickingen de ne pas bouger avant d'avoir eu une entrevue avec lui. Mais Francisque, ému et courroucé, répondit : — Retournez dire au comte de Nassau que je n'en ferai rien et que, pour lui plaire, je ne resterai pas à la boucherie. Et s'il veut m'empêcher de loger près de lui, eh bien, nous nous battrons, et nous verrons à qui restera son camp. »

« Jamais homme ne fut si ébahi que ce Nassau.

Toutefois, pour n'être pas surpris, il fit mettre son armée en bataille.

» Pendant ce temps, les gens de Sickingen, après avoir passé l'eau, se préparaient au combat, et de chaque côté les tambourins sonnaient impétueusement.

« Le pauvre homme qui avait porté la lettre à l'occasion de laquelle s'était élevé tout ce bruit se sauva, avec l'aide de Dieu, et s'en revint à Mézières, étourdi, comme un homme qui a échappé miraculeusement à la mort. Il vint trouver le bon chevalier, auquel il fit ses excuses pour n'avoir pu porter la lettre. Bayard se mit à rire à pleine gorge. Il s'en alla sur le rempart, avec quelques gentilshommes, et vit ces deux armées l'une en face de l'autre. — Par ma foi, dit-il, puisqu'ils ne veulent commencer à combattre, je m'en vais moi-même leur donner l'exemple.

« Il fit tirer cinq ou six coups au travers des ennemis. Enfin beaucoup de gens s'entremirent d'un côté et de l'autre. Nassau et Sickingen s'apaisèrent et se logèrent. »

Mais pendant ce temps, le comte de Saint-Paul avait détaché le seigneur de Lorges avec mille hommes et des provisions. Lorges entra dans la ville. C'était à la fin de septembre. Dès le 1er octo-

bre, nos assiégés, joyeux de ce secours, redoublèrent leurs canonnades.

Le jour suivant, le capitaine Grand Jehan, vieux
soldat rusé, voulant savoir ce qui était entré de vivres dans la ville, envoya, par un tambourin, demander au seigneur de Lorges une bouteille de vin,
en signe de leur ancienne connaissance. Celui-ci
lui en envoya deux, l'une pleine de vin nouveau,
l'autre de vieux. Il fit aussi mener ledit tambour
dans une cave remplie de barriques. Ces barriques
ne contenaient que de l'eau, car, à la vérité, il
n'était entré que trois chariots dans la cité. Mais
Nassau, se voyant hors d'espoir d'affamer la ville
et n'osant même, à cause de l'effroi qu'inspirait
Bayard, s'avancer vers les brèches, si grandes
qu'elles fussent, songea à battre en retraite. Ce qu'il
fit, en envoyant une partie de son artillerie par eau
jusqu'à Namur, et en mettant tout à feu et à sang
sur son passage, pour se venger sur les pauvres
gens désarmés. Et, dit une des chansons,

> Après que aigle trop fière
> Eut battu l'air, sans pouvoir prendre
> La notre petite Mézière,
> Craignant très-fort la Salamandre,
> Elle s'en vola par derrière
> Pensant à Saint-Quentin descendre.
> Le blanc lion, par sa griffière,
> Lui fit bien ses ailes descendre.

CÉRISOLES

1544

Le comte d'Enghien

Deux armées sont en présence èn Piémont. L'une, l'armée de Charles-Quint, commandée par le marquis du Guast, est forte de dix-huit mille hommes d'infanterie, de deux mille hommes de cavalerie et de seize pièces d'artillerie. L'autre est une armée française, où un jeune général de vingt-cinq ans, François de Bourbon, comte d'Enghien, commande treize mille hommes, appuyés par dix-huit pièces d'artillerie.

Les Français viennent d'éprouver une série d'échecs sous le maréchal de Bouttières, auquel a succédé le comte d'Enghien. Les troupes, dont la solde n'est pas payée, menacent de se débander. Les ennemis manœuvrent pour leur fermer l'entrée du marquisat de Saluces qui est leur seul lieu de ravitaillement. Le roi François Ier hésite pourtant à permettre de livrer bataille : car cette bataille, c'est non-seulement la perte du Piémont, mais peut-être la ruine de la France. Le marquis du Guast entrait, en effet, dans le Lyonnais, tandis que l'Empereur envahissait la Champagne et que le roi d'Angleterre pénétrait en Picardie et en Normandie.

Les Impériaux attendaient que l'armée non payée et mutinée se débandât pour la battre en détail. Enivrés de leurs succès récents, ils sont sûrs de remporter toute victoire et se partagent déjà la France. Le bruit court parmi les Français que du Guast, en quittant Milan, avait dit : « Soyez tranquilles, je tiens tous les Français dans un sac, et voici la main qui les empêchera d'en sortir. » On assurait aussi, et c'était la vérité, comme on le vit après la bataille, qu'il avait dans son bagage quatre bahuts pleins de menottes de fer pour lier les prisonniers et les envoyer aux galères.

Enfin le capitaine Blaise de Montluc revint de Paris, apportant la permission de livrer bataille et accompagné d'une grande quantité de gentilshommes qui voulaient prendre part au combat; leur présence combla opportunément les grands vides qui s'étaient faits dans l'armée.

On était à la fin du carême de l'an 1544. Le

jeudi, le vendredi et le samedi-saints, tous les soldats avaient fait leurs pâques pour se préparer à l'action. Le dimanche de Pâques, le bruit des tambours impériaux avait indiqué que l'ennemi s'avançait sur Cérisoles. En effet, les enfants perdus le découvrirent s'établissant dans une plaine entre ce dernier pays et Sommariva. On attendait le signal de l'engagement et tout le monde grinçait les dents de ce qu'on ne marchait pas. Mais les plus expérimentés des officiers retenaient l'ardeur du jeune général. Toutefois dans la nuit il prit une décision suprême.

A trois heures du matin, le lundi de Pâques, 14 avril 1544, l'armée française s'ébranla. Elle était divisée en trois corps d'infanterie soutenus par de la cavalerie. L'aile droite se composait de trois mille piquiers et arquebusiers gascons ; au centre ou corps de bataille étaient quatre mille Suisses, fort exaspérés de la trahison dont ils avaient été victimes à la prise de Mondovi. L'aile gauche était formée par cinq mille hommes, tant italiens que gruyériens, lesquels faisaient si piteuse mine, que le comte d'Enghien se plaça à côté d'eux pour les appuyer de sa gendarmerie. Du côté de l'ennemi, huit mille lansquenets, la plupart armés de corselets, tenaient le centre, les Italiens l'aile gauche, et un corps de cinq mille vieux soldats espagnols ou allemands vêtus de cottes de maille tenaient la droite. Du Guast, avec une grosse troupe de cavalerie, flanquait le centre.

Maintenant nous donnons la parole à Montluc, à qui l'on ne saurait reprocher autre chose que d'avoir, avec sa verve gasconne, attiré un peu trop l'attention sur lui-même, sur ses conseils et ses mouvements :

« M. d'Enghien et M. de Tais donnèrent à conduire toute l'arquebuserie... Je pris quatre lieutenants, Le Breuil, Gasquet, Liénard et Favas. J'envoyai ces deux derniers avec leurs compagnies sur la droite, et moi, avec les deux autres lieutenants, je me dirigeai vers la gauche, tirant vers cette maisonnette autour de laquelle il y eut une si grande lutte. Nous étions à l'avant-garde avec une partie des Suisses. M. de Bouttières nous commandait. Le corps de bataille était sous les ordres de M. d'Enghien, lequel avait, sous sa cornette, tous les jeunes seigneurs venus de la cour. M. de Dampierre commandait l'arrière-garde, composée de quatre mille Gruyériens, formant là compagnie de M. de Cros, de plusieurs compagnies d'Italiens commandées par M. de Droz ; là se trouvaient aussi les guidons et les archers des compagnies.

« Or, il y avait un coteau qui descendait du côté de Cérisoles et de Sommariva, où se trouvait un taillis peu épais. Les premiers ennemis que nous avions vus entrer dans la plaine, et se dirigeant vers nous, c'étaient les sept mille Italiens, conduits par le prince de Salerne et flanqués de trois cents lanciers florentins, commandés par Rodolphe Baglione.

« L'escarmouche commença sur le penchant de ce coteau.

« Le gros de la troupe avait fait halte vis-à-vis de nous. Aussitôt l'escarmouche commencée, j'avais donné une troupe au capitaine Le Breuil. Elle resta toujours la plus rapprochée de moi. Le capitaine Gasquet, à deux cents pas derrière, conduisit une autre bande. De celle que j'avais gardée avec moi, je séparai quarante ou cinquante arquebusiers que je confiai à un de mes sergents, nommé Arnaud de Saint-Clair, homme vaillant, et qui savait bien prendre son parti. Je soutins cette petite troupe.

« De la maisonnette dont j'ai parlé, et où j'étais, je vis trois ou quatre troupes d'arquebusiers espagnols qui venaient, tête baissée, pour s'en emparer. Les capitaines Favas et Liénard combattaient les Italiens dans le vallon, à main droite.

« L'escarmouche commença des deux côtés à la fois. Tantôt les ennemis me ramenaient jusqu'à la maison, tantôt je les ramenais jusqu'au gros de leur troupe, qui venait d'être renforcée. Il semblait que nous jouassions aux barres. A la fin, je fus obligé d'appeler à moi le capitaine Le Breuil, car les ennemis s'étaient groupés en force et ils avaient de la cavalerie avec eux. Je n'avais pas un seul homme de cheval. J'avais averti M. d'Enghien de cette cavalerie qui venait à moi, mêlée aux arquebusiers; mais, baste! personne ne s'avança à mon aide. Si bien, que je fus obligé de quitter la maison, après avoir combattu longtemps encore. Je renvoyai le capitaine Le Breuil à sa première place. L'escarmouche avait duré de trois à quatre heures, sans cesser. Jamais on ne vit mieux faire.

« M. d'Enghien m'envoya M. d'Aussun, pour m'ordonner de reprendre la maison, dont la possession ne constituait, d'ailleurs, aucun avantage. Je lui répondis : — Allez dire à M. d'Enghien qu'il m'envoie de la cavalerie pour combattre ces cavaliers qui soutiennent l'arquebuserie ennemie (il la voyait aussi bien que moi), car je ne suis pas pour combattre en rase campagne cavalerie et infanterie ensemble.

« Alors il me dit : — Je n'ai rien à faire que vous dire ce que je vous ai dit.

« Il s'en retourne et va avertir M. d'Enghien qui, de rechef, m'envoya M. de Moneïns, pour me dire que, de façon ou d'autre, il me fallait reprendre cette maisonnette. M. de Moneins, qui ne faisait que commencer à former sa compagnie, avait avec lui vingt-cinq cavaliers, mais il était accompagné par le seigneur Cabry, frère du seigneur Maure, menant soixante chevaux montés par des lanciers.

« Je répondis à ce nouvel envoyé que je lui en dirais autant qu'à M. d'Aussun et que je ne voulais pas être cause de la perte de la bataille ; mais que, s'ils voulaient aller combattre cette cavalerie qui était à côté des arquebusiers ennemis, je regagnerais aisément la maison. Ils me dirent que j'avais raison et qu'ils étaient prêts. Incontinent, je mande au capitaine Le Breuil qu'il vienne à moi, et au capitaine Gasquet qu'il avance prendre la place de celui-ci. Nous mîmes la cavalerie entre ma troupe et celle du capitaine Gasquet qui tenait la droite, et nous partîmes au trot contre les ennemis, éloignés de nous à peine de trois cents pas, ce qui faisait que l'escarmouche ne cessait jamais.

« Quand nous fûmes environ à cent ou cent vingt pas, nous commençâmes à tirer. La cavalerie ennemie se mit à fuir, bientôt suivie par l'infanterie, et alla s'abriter derrière le corps de troupes.

« M. de Moneins et le seigneur Cabry retournèrent auprès de M. d'Enghien, pour lui dire ce qu'ils avaient vu, ajoutant que, s'il ne m'envoyait de la cavalerie pour m'épauler, je ne pouvais manquer d'être rompu. J'avais renvoyé le capitaine Le Breuil et Gasquet à leurs premières positions.

« Il y avait auprès de Cérisoles un petit marais et un grand chemin creux qui empêchaient l'armée ennemie de venir à nous en bataille. Le marquis du Guast avait fait passer six pièces d'artillerie, qui étaient déjà arrivées bien en avant du marais. Quand il vit ses gens repoussés, il eut crainte que le gros de la troupe ne les imitât et n'aventurât ainsi son artillerie. Il fit promptement passer aux Allemands ce marais et ce chemin creux, qu'ils traversèrent en désordre ; mais arrivés dans la plaine, ils ne tardèrent pas à reprendre leur ordre de bataille.

« Alors, se sentant plus appuyées que jamais, cette arquebuserie et cette cavalerie espagnole vinrent de nouveau contre moi, qui, n'ayant pas de chevaux, fus contraint de leur laisser la place et de me retirer là d'où j'étais parti.

« C'est alors que je découvris les Allemands et leur artillerie. Mais, en même temps, M. de Termes et le seigneur Francisque Bernardin se vinrent mettre à droite de notre bataillon, sur le bord fort étroit du coteau, vis-à-vis des Italiens, dont les lanciers faisaient face à nos piquiers ; M. de Bouttières, avec sa compagnie et celle de M. le comte de Tende, vint se placer à notre gauche. Les Suisses étaient à peu près à soixante ou quatre-vingts pas derrière nous, un peu de côté.

« Les capitaines Favas et Liénard, qui commandaient nos arquebusiers, à droite, tantôt repoussaient l'ennemi, tantôt étaient repoussés. Ils se trouvèrent, à un moment, tellement en danger, qu'il me fallut, je l'avoue, affaiblir notre bataillon d'arquebusiers, qui flanquait M. de Bouttières, afin d'en amener une partie à ces capitaines pour fournir une charge ; ce qu'ils firent avec une telle furie, qu'ils rejetèrent leurs adversaires jusque sur leur centre. Et il en était bon besoin, car leur arquebuserie avait presque gagné le flanc de notre cavalerie. Moi, j'avais regagné mon poste, et nous commençâmes une escarmouche enragée, où toutes mes troupes se mêlèrent, et qui dura une grande heure.

« Pendant cela, les ennemis avaient mis leur artillerie à côté de la maisonnette et tiraient en plein dans le gros de notre troupe. M. de Mailly s'avança avec nos canons et commença à tirer dans la direction de la maisonnette, car il ne pouvait diriger ses coups du côté où nous faisions l'escarmouche, sans risquer de tuer des nôtres.

« Il arriva, qu'en regardant ce que devenait notre corps, sous cette canonnade de l'ennemi, je le vis qui s'ébranlait sous le commandement de M. de Tais, et qui commençait à marcher, les piques baissées, droit aux Italiens. Je courus au commandant et je lui dis : — Où voulez-vous aller, monsieur ? où voulez-vous aller ? Vous perdrez la bataille, car voici les Allemands qui vous viennent combattre et vous prendront par le flanc.

« Ce qui le faisait agir, c'étaient les capitaines qui lui criaient : — Menez-nous au combat, monsieur ! Il nous vaut mieux mourir main à main que d'être tués par l'artillerie.

« Cette artillerie étonne souvent, en effet, bien qu'elle fasse plus de peur que de mal. Toujours est-il que M. de Tais suivit mon conseil. Je le priai de faire mettre à ses hommes genou en terre et les piques bas. Car je voyais, derrière nous, les Suisses couchés tout de leur long et n'offrant aucun point de mire à l'artillerie.

« Après quoi, je cours à mes arquebusiers qui commençaient à faire reculer l'ennemi derrière la maisonnette. Je voulais le poursuivre, mais voici que je découvre le front du corps allemand. Soudain, j'ordonne à mes capitaines qu'ils se retirent peu à peu vers l'artillérie, pour faire place aux piquiers. Je me précipite vers le gros de nos troupes, et je m'écrie :

« — Compagnons, battons-nous bien! Si nous gagnons la bataille, nous nous ferons estimer plus que les nôtres ne l'ont jamais été. Car jamais les Gaulois n'ont combattu les Germains pique à pique sans avoir été défaits. Et, pour conquérir cette noble renommée de valoir plus que nos ancêtres n'ont valu, doublons notre courage, triomphons et faisons connaître à nos ennemis ce que nous valons! Souvenez-vous, compagnons, de ce que le roi nous a mandé! Quelle gloire ce nous sera nous présenter à lui après la victoire. Maintenant, monsieur, dis-je à M. de Tais, il est temps de se lever!

« Ce qu'il commanda promptement. Je commençai à crier :

« — Mes compagnons, peut-être n'y a-t-il pas beaucoup d'entre vous qui se soient encore trouvés aux batailles! Écoutez-moi! Si nous prenons la pique par le bout et que nous combattions à toute longueur de bois, nous sommes défaits. L'Allemand est plus adroit que nous en cet exercice. Mais prenons la pique par le milieu, comme fait le Suisse.

Baissons la tête, lançons notre corps et allons de l'avant, et vous verrez ces Allemands étonnés !

« M. de Tais me cria de courir tout le long des troupes, pour leur faire prendre la pique de cette façon. Ce que je fis.

« Les Allemands marchaient grand pas, droit à nous. Je courus en avant des troupes ; je mis pied à terre et je pris une pique que j'avais donnée à garder à l'un de mes laquais. Quand M. de Tais et les capitaines me virent descendre, ils crièrent, tout d'une voix : — Remontez, capitaine Montluc, remontez ! Vous nous conduirez au combat.

« Mais je répondis que, si j'avais à mourir ce jour-là, je ne pouvais mourir en plus honorable lieu qu'avec eux, la pique au poing. Je criai au capitaine La Burthe, sergent de bataille, qu'il prît soin de courir autour des troupes, pendant que nous nous enferrerions, et qu'il criât, lui et les autres sergents : — Poussez, soldats, poussez. Poussons-nous les uns les autres.

« Ainsi nous vînmes au combat.

« Les Allemands venaient à nous au trot. Ils étaient si nombreux, qu'avec cette allure ils ne pouvaient faire corps. Ils se suivaient mal, et je voyais de grands intervalles entre eux, et des enseignes bien en arrière. Tout d'un coup, nous les

Bataille de Cérisoles.

enferrâmes. Tous ceux qui étaient au premier rang, tant d'eux que de nous, furent jetés à terre, par coup ou par choc. Il était impossible de voir entre gens de pied une plus grande furie. Ce fut à notre deuxième et à notre troisième rang que nous dûmes l'avantage. Car ceux des nôtres qui étaient derrière poussaient tant, qu'ils arrivaient aux premiers rangs, et ainsi poussant toujours, ils renversaient les ennemis.

« Jamais je ne fus si adroit, ni si dispos, et cela me servit, car je tombai, comme tous les compagnons, mais seulement sur le genou.

« Les Suisses furent fins et avisés. Ils ne se levèrent point jusqu'à ce qu'ils nous virent à la distance de dix ou douze piques. Puis, bondissant, furieux comme des sangliers, ils coururent donner dans le flanc de l'ennemi, tandis que M. de Bouttières l'entamait par le coin. M. de Termes et le seigneur Francisque donnèrent en même temps sur Rodolphe Baillon, lui renversèrent toute sa cavalerie et la mirent en déroute. Les Italiens voyant leur cavalerie rompue, les Allemands et les lansquenets renversés, commencèrent à descendre le vallon et et à gagner le bois au plus vite...

« Il faut noter que le marquis du Guast avait fait un corps d'armée de cinq mille piquiers, dont deux mille étaient Espagnols et trois mille Allemands. Il le destinait à combattre les Gascons. Car il disait qu'il craignait plus notre troupe que pas une des autres. Il avait opinion que ces Allemands, qui étaient tous hommes d'élite, déferaient nos Suisses. Il avait mis à la tête de cette division trois cents arquebusiers seulement, à titre d'enfants perdus. *Tout le reste de son arquebuserie, il l'avait* envoyée à notre escarmouche.

« Qnand il fut près de la maisonnette avec ses Allemands, il vit les Gruyériens portant tous des armes blanches. Il pensa que c'étaient nous autres Gascons, et il cria : — Frères ! frères ! voilà les garçons ! courez-leur sus !

« Quand ces Gruyériens ne furent plus qu'à deux cents pas de lui, il aperçut notre troupe qui se levait. Nous portions tous des armes noires. Il reconnut son erreur. Mais il n'y avait plus de remède. Ce corps de cinq mille piquiers s'en alla, grand pas, sur les Gruyériens.

« Il devait passer à côté du duc d'Enghien. Ce seigneur donna, avec la gendarmerie, à travers cette troupe, la prenant de front et de flanc. Cela ne servit qu'à faire tuer ou blesser beaucoup de gens de bien et des principaux, comme M. d'Acier, le sieur de la Rochechouart et plusieurs autres. Il en tomba bien davantage à la seconde charge. Nos gendarmes passaient bien et repassaient au travers de cette troupe. Mais toujours elle se reformait.

« Ils arrivèrent ainsi jusqu'aux Gruyériens, qui furent bientôt renversés, sans avoir même donné un coup de pique. Là moururent ceux de leurs capitaines et lieutenants qui étaient au premier rang. La masse s'enfuit droit vers la division de M. de Cros. Mais cette troupe ennemie d'Espagnols et d'Allemands poursuivait toujours sa victoire au grand trot. Elle renversa ledit sieur de Cros qui fut tué là avec tous ses capitaines.

« M. d'Enghien ne les pouvait secourir, parce que les chevaux de sa cavalerie avaient été presque tous blessés dans ces deux furieuses mais trop inconsidérées charges, et ils coururent par la compagne sans rejoindre les ennemis. Il était désespéré. Il voyait que son infanterie était rompue et qu'à peine il lui restait cent chevaux pour soutenir le choc. Il maudissait l'heure où il était né. M. de Pignan, de Montpellier, qui était à lui, me dit que, par deux fois, il se donna de la pointe de l'épée dans son gorgerin, se voulant tuer. Lui-même, au retour, m'assura qu'il s'était vu en tel état qu'il eût voulu qu'on lui eût donné de l'épée dans la gorge.

« La lâcheté des Gruyériens lui occasionna beaucoup de pertes de ce côté. Je ne vis jamais plus grandes grues que ces gens-là. Il sont indignes de porter les armes, à moins qu'ils ne soient devenus plus courageux. Ils sont voisins des Suisses; mais il n'y a pas plus de comparaison entre eux qu'entre un âne et un cheval d'Espagne.

« Tandis que M. d'Enghien voyait massacrer ses gens sans pouvoir les secourir, le marquis du Guast en voyait faire de même aux siens. Ah! comme le sort se moquait de ces deux chefs d'armée! Le marquis, quand il vit Rodolphe Baillon renversé et ses Allemands pareillement, rappela sa cavalerie et se lança vers Asti.

« M. de Saint-Julien, qui servait de maître de camp et de colonel des Suisses, était à cheval, car il était faible de sa personne et n'avait pas grand'-force pour porter, à pied, de lourdes armes. Il vit rompre le corps de bataille de chaque côté. Mais nous, Suisses et Gascons, victorieux sur notre aile, nous étions au milieu de cinq mille Allemands et Espagnols, tuant de toute main. Alors, M. de Saint-Julien se retourna et alla joindre M. d'Enghien, qu'il trouva en petite compagnie, près du bois, dans la direction de Carmagnole. Il lui cria aussitôt : — Monsieur, monsieur, faites tourner visage, car la bataille est gagnée. Le marquis du Guast est en déroute et tous ses Italiens et ses Allemands en pièces !

« Déjà, le corps d'Allemands et d'Espagnols, qui poursuivait les Gruyériens, avait fait halte, en voyant qu'aucune troupe des leurs ne les suivait. Ils comprirent que la bataille était perdue et commencèrent à prendre à main droite, vers Monta, d'où ils étaient partis le jour précédent.

« Mais voici que M. d'Enghien tombe sur leurs derrières. Et sa troupe s'augmentait beaucoup de gens qui avaient pris l'effroi. M. d'Enghien, un peu avant la bataille, avait envoyé à Savillan chercher trois compagnies fort bonnes d'Italiens. Elles s'étaient mises en chemin. De Reconnis elles avaient entendu l'artillerie et, comprenant que la bataille se donnait, elles firent monter leurs arquebusiers en croupe et s'en vinrent tout courant. Elles arrivèrent fort à propos, car M. d'Enghien n'avait aucun arquebusier avec lui. Il fit mettre pied à terre à ceux-ci, les jeta sur la queue de l'ennemi, et lui, avec sa cavalerie, chargeant, tantôt sur le flanc, tantôt en tête des Impériaux, poussait la victoire. Il nous envoya toutefois l'ordre de tourner à lui, car tout n'était pas encore gagné.

« Le messager nous trouva à la Chapelle, près de Cérisoles, ayant achevé de tuer, avec une telle rage, qu'il ne resta en vie qu'un seul homme, un colonel, Oliffand de Madruch, frère du cardinal de Trente, qui était demeuré parmi les morts, avec sept ou huit plaies. Les Suisses, en tuant et en lançant leurs grands coups d'épée, criaient toujours : Mondovi! Mondovi! Car là on leur avait vraiment fait une mauvaise guerre. Bref, tout ce qui fit tête de notre côté fut tué.

« Après avoir appris ce que M. d'Enghien nous mandait, incontinent nous tournâmes vers lui. On ne vit jamais deux divisions sitôt refaites. Car, de nous-mêmes, nous nous mîmes en bataille tout en cheminant, et nous marchions côte à côte, bien serrés.

« Les ennemis, qui s'en allaient au grand pas, tenaient notre cavalerie à distance, avec leurs décharges d'arquebuses. Ils nous virent enfin. Nous approchions, la cavalerie en avant de nous qui s'apprêtait à les charger. Ils comprirent qu'ils étaient perdus, jetèrent leurs piques et se précipitèrent entre les mains des gendarmes. Ceux-ci en tuaient ou en sauvaient. Il y avait tel cavalier qui était entouré de plus de vingt prisonniers qu'il tirait hors de la presse, à cause de nous qui voulions tout égorger. Mais il en resta bien la moitié sur le champ de bataille, car tout ce que nos gens trouvaient était exterminé. »

LA CAMISADE DE BOULOGNE

1544

Montluc

La ville de Boulogne avait été rendue par son
gouverneur, malgré la défense héroïque des bourgeois. Cette prise avait hâté les arrangements de la
paix de Crespy. L'Empereur, devenu par cette paix
l'allié du roi François Ier, avait donné ordre à ses
troupes de quitter le camp d'Angleterre. Henri VIII,
ainsi privé des soldats impériaux, ne s'était pas
senti assez fort pour garder la campagne. Il avait
abandonné précipitamment Boulogne pour aller
s'embarquer à Calais. Mais il avait laissé huit mille
hommes pour défendre sa nouvelle conquête.

Une armée française s'avançait pour reprendre la
ville fidèle qui venait de s'illustrer par sa vaillante
défense. On résolut de donner une camisade aux
Anglais. On appelait ainsi une entreprise nocturne

où les soldats, pour se reconnaître, mettaient une chemise par-dessus leurs armes.

« Voici, dit Montluc, quelle fut l'occasion de la camisade que nous donnâmes. Un beau-fils de M. le maréchal du Biez, non pas ce beau M. de Vervnis, mais un autre, Jacques de Fouquesolles, sénéchal du Boulonnais, vint à M. du Tais et lui conta qu'un espion qui venait de Boulogne lui avait assuré que tout était encore en ruine à la haute ville, et que, si l'on prenait maintenant la basse ville, ce qui était facile, dans huit jours on aurait à merci la ville haute. Il ajoutait que si M. de Tais le voulait, il le mènerait au matin reconnaître le tout. Cet espion affirmait que les brèches n'étaient pas encore fermées et que la ville était ouverte comme un village.

« M. de Tais fut curieux d'aller faire cette reconnaissance ; il m'emmena avec lui, ainsi que Fouquesolles. Nous étions escortés de cent chevaux. Nous arrivâmes à la pointe du jour devant la ville, laissant la tour d'Ordre à deux ou trois cents pas à main droite. Nous vîmes cinq ou six pavillons sur le grand chemin qui descend de la porte de la ville. Nous laissâmes notre troupe derrière une colline et avançâmes au nombre de cinq ou six.

« Fouquesolles et moi nous descendîmes jusqu'au

premier pavillon ; nous passâmes à côté dans le champ à gauche ; nous allâmes jusqu'à la seconde tente. De là nous découvrîmes toute leur artillerie, n'en étant pas éloignés de plus de quatre-vingts pas. Il n'y avait là à côté que trois ou quatre soldats anglais, et nous étions si près de ce second pavillon que nous entendîmes parler anglais. J'allai chercher M. de Tais, qui vint. Mais le jour commençait à grandir. Les sentinelles reconnurent bientôt que nous étions ennemis. On donna l'alarme et nous nous en retournâmes.

« M. de Tais alla trouver M. le dauphin et M. d'Orléans, son frère, avec Fouquesolles. On décida que le lendemain au point du jour l'on donnerait une camisade et que M. de Tais, avec nos compagnies, entrerait par trois brèches qu'il y avait à la muraille du côté de Marquise. Le rheingrave pria M. le dauphin de le laisser donner avec sa troupe. Mais M. de Tais avait déjà promis au comte Pèdemarie de Saint-Second de le laisser venir avec ses Italiens. Ce fut notre malheur, car les Allemands eussent gardé meilleure discipline, nous eussions été mieux secourus et jamais l'ennemi n'eût pu résister.

« Nous partîmes de nuit en costume de camisade, nous passâmes sur un pont de briques qui était près de Marquise. M. Dampierre, colonel des Grisons,

-vint mettre ses gens en bataille auprès de la tour d'Ordre. Moi, je devais conduire ma troupe, à droite de M. de Tais, par le chemin suivi la veille. Je donnai donc à travers l'artillerie, tandis que M. de Tais, avec les Italiens, emportait fort bravement les trois brèches indiquées.

« Par où je venais, il n'y avait ni porte ni brèche, ce qui me força à suivre la muraille qui longeait la rivière jusqu'à ce que je trouvasse une brèche par où j'entrai sans résistance. Je poussai jusqu'à l'église de Saint-Nicolas. Je ne vis aucun capitaine des nôtres, sauf Glèves, qui courait le long de la rive droite à ces brèches ; je l'appelai, il ne m'entendit pas.

« M. de Tais avait été blessé et s'était retiré. Je n'ai jamais su ce qu'était devenu le capitaine Pèdemarie. J'appris plus tard que tous nos capitaines gascons et italiens étaient sortis de la ville, à peine entrés, sur le bruit que les Anglais étaient venus couper la retraite en s'emparant des brèches. C'était vrai ; mais il n'y avait pas plus de deux cents Anglais sortis de la ville haute par le dehors. Toutes les enseignes étaient demeurées dans la ville. Moi, je n'aperçus aucun désordre, mais je crois que, si je m'en étais aperçu, j'eusse fui comme les autres. Je ne veux pas faire le fanfaron.

« Je ne trouvai devant l'église que deux capitaines italiens avec leurs troupes et leurs drapeaux. Je m'amusai à attaquer trois ou quatre maisons près de cette église, où il y avait une foule d'Anglais, les uns vêtus de blanc et rouge, les autres de jaune et noir ; c'étaient des pionniers, ils n'étaient pas armés. D'autres étaient vêtus autrement et se défendirent ; mais j'emportai ces maisons et je tuai environ deux cents Anglais. Puis je marchai droit à l'église, où je trouvai les capitaines italiens César Port et Hiéronyme Mégrin ; j'y rencontrai aussi M. d'Andelot et M. de Noailles, lieutenant de M. de Nemours. Je demandai où étaient nos capitaines. Ils n'en savaient rien. Je commençai à soupçonner le désordre en ne voyant que ceux qui étaient entrés avec moi et environ cinquante ou soixante hommes qui s'amusaient à piller et qui m'avaient rejoint à l'attaque des maisons.

« Tout à coup voici une grande troupe d'Anglais qui vint tête baissée sur nous, qui étions devant l'église et en la rue prochaine. — Qui est là ? demandèrent-ils. — Ami, ami, répondis-je en anglais, car j'ai appris quelques mots de toutes les langues qu'on entend parler autour de soi ; cela parfois m'a servi.

« Comme ces Anglais continuaient leurs demandes

et que j'étais au bout de mon latin, ils se mirent à crier : — Tue! tue!

« Alors je criai aux capitaines italiens : — Soutenez-moi, car je les vois courir sur nous, et il ne faut pas nous laisser enfoncer.

« Je baissai la tête droit sur eux et je les menai tambour battant jusqu'au haut de la rue. Là ils tournèrent tous à main droite, le long de la muraille de la ville haute, des remparts de laquelle on nous accablait de flèches et de canonnade. Je redescendis jusqu'auprès des Italiens. Les Anglais revinrent encore à la charge. Mais j'avais été encouragé en voyant qu'ils lâchaient pied assez aisément. Je les laissai approcher, je les chargeai de nouveau, et ils se sauvèrent plus aisément encore.

« Je revins à l'église, mais il se mit à tomber une telle pluie qu'il semblait que Dieu nous voulût noyer. A ce moment, je fus rejoint par dix ou douze enseignes, à peine accompagnés de cinq ou six soldats. J'en avais autant avec moi. Ils s'en venaient des brèches. C'est alors qu'un de ces enseignes me dit que les brèches étaient prises et que les capitaines s'étaient sauvés.

« Je dis alors aux deux capitaines italiens de se maintenir dans ce quartier de l'église, car il y avait une muraille devant la porte de ce monument ; que, moi, j'allais débarrasser la brèche par où j'étais venu, et que cela fait je les enverrais quérir pour partir avec moi ; si par hasard les ennemis revenaient, qu'ils se rappelassent comment je les avais dispersés en chargeant.

« Je m'en allai à ladite brèche où nous trouvâmes dix ou douze Anglais que nous attaquâmes. Ils se sauvèrent soit à droite, soit le long de la muraille intérieure. Quand nous fûmes dehors, nous en vimes une vingtaine qui montaient le long de la muraille extérieure et regagnaient les brèches supérieures par où nos gens étaient entrés. Je priai un gentilhomme bourguignon d'aller chercher César Port et Hiéronyme Mégrin. Il me fit promettre de l'attendre. Je lui jurai que, mort ou vif, il me trouverait à cette brèche.

« La pluie redoublait. Le gentilhomme revint. Il me dit qu'il n'avait pu arriver jusqu'aux Italiens : ils étaient exterminés ou retirés dans l'église.

« Tout à coup voici que le long du mur trois ou quatre cents Anglais accoururent sur nous au grand trot. Nous nous préparions à rentrer au secours des Italiens. Nous fûmes contraints de changer de propos. MM. d'Andelot, de Noailles, ce gentilhomme, trois ou quatre autres étaient restés avec moi depuis qu'ils m'avaient rencontré devant l'église. Et bien leur en avait pris, car ils eussent passé par le même chemin que les Italiens.

« Au moment où ces Anglais venaient sur nous avec cette furie, on se mit à crier au milieu de nous. Les uns voulurent qu'on se sauvât par en bas le long de la rivière, les autres qu'on montât vers le haut de la colline.

« — Qu'avez-vous à faire, m'écriai-je, de grimper là? C'est nous forcer à longer la ville haute, qui est aux ennemis. Quant à la rivière, ne voyez-vous pas qu'elle monte et que nous nous noierions tous? Qu'on ne parle plus de cela. Il faut combattre cette troupe-ci. — Oui, capitaine Montluc, me cria M. d'Andelot, combattons-les, c'est le meilleur parti!

« C'était un homme fort courageux. C'est dommage qu'il se soit fait huguenot. Nous allâmes donc droit à eux. Dès que nous arrivâmes à la longueur de quatre ou cinq piques, ils nous accablèrent de flèches; mais nous courûmes sur eux la pique haute. Immédiatement ils tournèrent visage et reprirent le chemin par où ils étaient venus. Nous les poursuivîmes, et de bien près. Quand ils arrivèrent au quartier de la ville où leurs compagnons gardaient les brèches et bloquaient ainsi nos enseignes, ces compagnons les voyant fuir quittèrent ces brèches pour aller à leur secours. Nous étions au pied du mont de la tour d'Ordre. Alors je criai à M. d'Andelot, aux enseignes ainsi délivrés et aux soldats : — Sauvez-vous en montant jusqu'au haut de ce mont.

« Quant à moi, je voulais voir la fin de tout cela. Je me retirai avec quatre ou cinq piquiers vers un ruisseau qui était près de l'artillerie. Comme les Anglais avaient abandonné les brèches, nos enseignes sautèrent dans le vallon par où ils étaient venus. Les ennemis s'en aperçurent quand les nôtres étaient déjà à mi-côte ; ils se retournèrent et se précipitèrent, mais ils n'arrivèrent qu'à atteindre huit ou dix de nos soldats.

« Cinq ou six Anglais vinrent sur moi. Je passai le ruisseau, où j'eus de l'eau jusqu'aux genoux. Ils s'arrêtèrent là et m'envoyèrent des flèches. J'en reçus trois dans mon bouclier, une dans ma manche de maille. Je les rapportai toutes quatre au logis pour mon butin. Je montai la colline derrière la tour d'Ordre.

« M. le dauphin, accompagné de M. d'Orléans et de M. l'amiral, faisait marcher les lansquenets pour nous secourir. Mais les désordres étaient venus avant qu'ils fussent prêts, et ils rencontrèrent

MM. de Noailles et d'Andelot au haut de la montagne. M. le vidame de Chartres et mon frère, M. de Lioux, étaient venus jusqu'au bas de la montagne pour avoir de mes nouvelles; mais ils furent obligés de reculer et ils dirent à M. le dauphin que j'avais été certainement tué dans la ville, car ils avaient vu revenir tous les capitaines, excepté moi. M. d'Andelot, qui vint une demi-heure après, fut interrogé sur mon compte par M. le dauphin. Il lui répondit que j'avais sauvé tout le monde, excepté moi, quoique cela m'eût été facile. Il pensait, en effet, que j'avais été tué par l'artillerie ennemie ou par les gens d'un bateau qui était sur le ruisseau que je traversai. Mais je n'étais pas si sot.

« Je prends Dieu à témoin que de tout ce jour je ne perdis pas une seule fois la présence d'esprit, et cela fut heureux, car si je l'eusse perdue, nous eussions été déshonorés; j'eusse été en danger de ne jamais devenir maréchal de France, et nous eussions perdu toutes nos enseignes que Dieu nous fit la grâce de sauver. C'est la requête principale que les gens de notre métier doivent faire à Dieu de leur garder la présence d'esprit!

« Le soir, j'allai demander le mot du guet, parce que M. de Tais était fort blessé. Voilà le succès de la camisade de Boulogne. Si le camp eût marché, nous eussions pris la ville haute en quatre ou cinq jours. Mais j'appris qu'on avait fort exagéré la vaillance des Anglais; je les reconnus là gens de peu de cœur. Je crois qu'ils valent plus sur l'eau que sur la terre. »

SIÉGE DE METZ

1552-1553

Le duc de Guise

Le siége de Metz est un des plus mémorables de l'ancienne France, et peu d'aventures de guerre excitèrent aussi vivement l'attention de l'Europe, l'émotion de l'Allemagne et l'enthousiasme de la France. La faiblesse de la ville, la puissance des moyens employés pour l'attaquer, les terribles conséquences que devait avoir sa reddition, tout explique cet intérêt, que les incidents de la défense firent croître jusqu'à l'angoisse et l'exaltation patriotiques.

Metz, dominée par des hauteurs voisines, était facile à battre de beaucoup de côtés, et elle ne pouvait même pas cacher aux ennemis les mouvements intérieurs de la défense, les préparatifs des sorties, les travaux des fortifications. Nous voyons que ce

fut là un des grands sujets de préoccupation pour
les assiégés. Elle était fortifiée à l'ancienne mode,
c'est-à-dire de façon à ne pouvoir résister à l'artillerie. Sa muraille était nue, non remparée ; elle
n'avait aucun épaulement, aucun ouvrage avancé,
aucun bastion. Entourée de trois côtés, au nord, à
l'est et à l'ouest, par deux rivières, la Moselle et la
Seille, elle était, du côté du sud, presque ouverte
et défendue seulement par un vieux boulevard. De
plus, elle avait un développement considérable, il
fallait presque une armée pour la défendre. Cette
armée, la France menacée sur toute sa frontière du
nord et de l'est, depuis Strasbourg jusqu'à Boulogne,
et abandonnée par ses alliés, la France ne l'avait
pas. Enfin, non-seulement il n'y avait pas à se fier
au dévouement des habitants, mais on devait compter, au contraire, sur l'antipathie, sur l'hostilité
plus ou moins déclarée de la ville.

Celle-ci, hier encore, ville libre de l'Empire, ré-
publique aristocratique, très-fière, très-riche, tout
indépendante, occupée par surprise, était plus impériale sans doute que française, et M. de Brabançon, lieutenant de la reine de Hongrie, un des principaux officiers de l'Empereur, se vantait d'avoir
des intelligences avec les plus notables habitants,
les Tallanges, les Baudoche, les Gournay, « les

plus anciens gentilshommes de la ville de Metz. »

Charles-Quint était là en personne, le puissant empereur, le redouté, le victorieux, avec une armée supérieure en nombre à toutes celles qu'il avait jamais mises sur pied. Il y avait réuni les plus braves de ses soldats, les plus énergiques représentants de ses peuples innombrables, depuis la Baltique jusqu'au détroit de Gibraltar. Tout ce qui était vaillant en haute et basse Allemagne, dans les Pays-Bas, en Espagne, en Italie, était venu se joindre à lui pour prendre part à cette curée de la France. Il y avait autour de la ville cent quarante-trois enseignes allemandes, vingt-sept espagnoles, seize italiennes, plus de douze mille cavaliers, cent quatorze pièces d'artillerie, en résumé près de cent mille hommes, dont soixante mille de fort bonnes troupes et sept mille pionniers. L'Empereur avait juré qu'après cette armée, il lui en viendrait une autre, deux autres, trois autres, et qu'il ne quitterait pas Metz avant d'avoir repris cette ville impériale, dont la conquête le menait, par la Champagne ouverte, jusqu'au cœur de la France. Il avait su intéresser à sa querelle la vanité germanique : comment laisser entre les mains des Français le duché de Lorraine et les trois évéchés : Metz, Toul et Verdun ? N'était-ce pas terre allemande ?...

C'était là encore ce qui donnait à ce siége un si poignant intérêt : la grosse querelle entre la Gaule et la Germanie, entre l'Empire et la France, continuait. Nous avions été bien souvent vaincus dans cette lutte, pendant le règne du grand et chevaleresque François Ier. Le jeune Henri II allait-il être plus heureux ? Il avait su habilement profiter de la guerre religieuse et civile, des dissensions entre l'Empereur et les princes protestants, pour conquérir, au commencement de l'année 1552, cette partie de « l'héritage des Francs » que les troubles de la féodalité en avaient séparé. Il voulait aller plus loin et reprendre tout le territoire de la Gaule jusqu'au Rhin. C'était un projet national et, dit Vieilleville, « toute la jeunesse des villes quittait père et mère pour se faire enrôler. » On voulait voir la rivière du Rhin. Mais les Allemands avaient bien vite fait la paix entre eux. Tous les confédérés avaient abandonné le roi de France. Seul, le margrave Albert de Brandebourg, l'un des fondateurs de la monarchie prussienne, lui était resté en apparence fidèle ; mais en réalité préoccupé de projets de trahison, il cherchait uniquement à rendre cette trahison plus dangereuse pour la France. Il avait parfaitement réussi.

Après avoir, étant encore à la solde de la France,

pillé les alliés de la France, mis à feu et à sang, avec une véritable rage, tous les pays qu'il parcourait, après avoir essayé de s'introduire, sous couleur d'amitié, dans Metz, il demanda, préparant de loin sa trahison, avec une fourberie de marchand plutôt que d'homme de guerre, au duc de Guise le partage des provisions, que celui-ci avait eu tant de peine à rassembler dans la ville. Puis, sentant que sa conduite équivoque n'allait bientôt plus tromper le roi Henri II, il se jeta sur un petit corps de cavalerie française qui l'accompagnait, l'écrasa, fit prisonnier son chef, le duc d'Aumale, frère du duc de Guise, et, le traitant avec une insolence lâche et grossière, il l'amena à l'Empereur, auprès duquel il se rendit avec toute son armée.

Ce fut là une des causes de cette angoisse qui saisit les Français au commencement du siége. Il y en avait d'autres encore. Le comte de Reux, général de l'Empereur, avait envahi le nord de la France, avait pris Noyon, Nesle, Roie, Hesdin, une de nos villes les plus fortes. Il avait fallu que le roi et le connétable de Montmorency quittassent Saint-Mihiel où ils étaient venus pour secourir Metz et qu'ils se rendissent dans la Picardie avec la petite armée qu'ils avaient rassemblée.

Le duc de Guise n'avait donc plus rien à attendre

que de lui, et du courage de ses soldats. Mais ses soldats étaient la fleur de la noblesse et de l'armée françaises. Quant à lui, il montra des qualités d'énergie, de prévoyance, de prudence et d'activité qui en font un de ces hommes de guerre dont la patrie peut être fière.

Il était arrivé dans la ville dès le 17 août, et depuis ce jour jusqu'à la fin du siége, personne ne lui vit plus donner une heure à son plaisir personnel. Tout était à faire en cette ville de huit à neuf mille pas de tour, et qui n'était réellement défendue en aucun endroit. Avec l'aide de gens experts en l'art des fortifications, de l'illustre Pierre Strozzi, de Camille Marini, de M. de Gounor et surtout du vieux M. de Saint-Remy, l'ingénieur qui commençait à enlever aux Italiens la renommée d'être les plus habiles artificiers du monde, avec l'aide de ces personnages, Guise s'était mis à visiter les murailles et à entreprendre de fortifier la place. Il y procéda avec cette fermeté qui ne reculait devant rien, avec ce génie d'observation qui ne se démentit jamais et qui lui fit dès lors, comme en toutes les circonstances du siége, deviner les réflexions, les projets, les ruses, les tentatives de l'ennemi, avec toutes ces qualités enfin que nous venons d'énumérer plus haut et parmi lesquelles il faut toujours rappeler une infatigable

Siège de Metz.

activité. On rempara les murailles, on fit les fossés, les tranchées, les bastions. On abattit sans pitié tous les bâtiments qui joignaient les murs; on changea les églises en citadelles, et sur les hauts clochers on établit des plates-formes, chargées de canons destinés à répondre à ceux que les ennemis ne manqueraient pas de disposer sur les montagnes voisines. Il fallait, tout en travaillant sans relâche et en faisant appel aux habitants du pays messin, songer à la moisson qui demandait tous les bras des paysans : car la récolte du blé et du raisin qui se préparait était tout aussi nécessaire à la défense que les bonnes murailles et les plus grands courages. Dès ce moment on se mit donc à l'œuvre et, comme on continua de le faire au travers de toutes les péripéties du siége, « chacun, dit un des témoins, fut occupé à porter la terre pour remparer jour et nuit. M. les princes, seigneurs, capitaines, lieutenants, les généraux, M. de Guise lui-même, portaient la hotte, pour donner courage aux soldats et aux citoyens à faire de même; ce que tous faisaient, jusqu'aux dames et demoiselles. Et ceux qui n'avaient pas de hottes s'aidaient de chaudrons, paniers, sacs, draps, de tout ce qui pouvait servir à transporter la terre. Quant à M. de Guise, il faisait porter son dîner aux endroits où l'on travaillait, pour surveiller et encourager, et il ne sortait de la ville que pour aller visiter le pays et se rendre bien compte des endroits où les ennemis seraient tentés de s'établir et où les Français pourraient dresser des embuscades. »

Il fit ensuite affluer dans la ville toutes les provisions du pays ; il fit améliorer et changer les vieilles poudres qui pourrissaient dans les magasins depuis quarante ans, et rompit à la future discipline du siége les soldats et les gentilshommes qui accouraient de toutes parts. C'est alors qu'il dut se livrer à une lutte diplomatique avec ce margrave Albert de Brandebourg dont j'ai parlé et qui, en invoquant sa position d'allié du roi de France, dont il touchait la solde et qu'il se préparait à trahir, essayait toute fourberie, tantôt pour attirer Guise dans un guet-apens, tantôt pour se faire livrer une porte de la ville et introduire ses Prussiens dans la cité, mais surtout pour se faire donner les provisions que le gouverneur avait rassemblées à si grand'peine. Guise se défiait de ce personnage et, sans lui donner prétexte de fàcherie, il sut déjouer toute ses ruses. Mais la conduite du margrave devint si équivoque que le connétable, campé à Saint-Mihiel, n'osa envoyer les secours d'hommes et d'artillerie attendus par la ville. Cette artillerie surtout fit grand défaut. Quant aux hommes, l'enthousiasme avec lequel toute la noblesse française accourait défendre cette porte d'entrée de la France aida à combler les vides de la garnison.

Du reste, à ce moment on n'avait encore que des craintes. On savait que l'empereur avait convoqué ses capitaines de tous pays et qu'il rassemblait, entre Inspruck, Munich, Augsbourg et Ulm, une armée formidable. Puis cette armée s'ébranla. Elle passa le Rhin. Les capitaines que Guise envoyait à la découverte lui rapportaient que les Impériaux étaient à Spire, puis aux Deux-Ponts, à quinze lieues de Metz. Les probabilités du siége augmentaient. On pressa la rentrée des provisions de toute sorte et on concentra dans la ville les petits corps répandus dans le voisinage. Puis, on détruisit tous les faubourgs de Metz, de crainte que les ennemis n'y trouvassent des facilités pour approcher les muraille et les battre à l'abri.

La fin de septembre était venue. L'automne était aussi beau que l'hiver devait être rigoureux. L'armée allemande avançait toujours et toujours grossissait. Elle touchait à la Moselle, puis à la Sarre. Elle était à Saarbruck, puis à Forbach, à sept lieues de Metz. Il était difficile de douter désormais des intentions de l'Empereur. Les escarmouches commençaient entre la cavalerie envoyée par François de Guise et les coureurs de l'avant-garde allemande. Tous les renseignements étaient d'accord pour faire monter l'armée ennemie à plus de cent vingt mille hommes, et c'est aussi l'opinion de quelques uns des annalistes contemporains. Guise avait alors quatre mille cinq cents hommes de pied et six cent vingt hommes de cavalerie, et il prévoyait bien qu'il n'avait pas grand secours à espérer désormais. Mais il savait que cette petite armée « était composée de gens de bien, » et il se résolut à s'enfermer dans la place et à la défendre jusqu'à la mort.

Toutefois, comme il n'y avait à attendre que peu d'aide des habitants, et qu'il y avait à craindre la trahison de plusieurs d'entre eux, comme il fallait en ce péril suprême, avec une si petite troupe, en face d'une telle armée, être au moins à peu près sûr de la cité qu'on défendait, le duc, après avoir pris toutes précautions pour protéger les biens des habitants, les engagea à quitter la ville et il n'y garda qu'une centaine de prêtres, pour célébrer le service divin, et environ deux mille ouvriers de tous états.

La noblesse française accourait toujours à Metz comme à un rendez-vous d'honneur. Un prince du sang de France, le prince de la Roche-sur-Yon, venait d'arriver suivant deux princes lorrains, un prince de Savoie, le duc de Nemours, le duc Horace Farnèse, et une foule de seigneurs, de capitaines, de gens d'armes.

Les ennemis approchaient toujours, les escarmouches devenaient plus fréquentes : car Guise, suivant le système qu'il employa jour et nuit pendant tout le siége, ne laissait pas aux impériaux une heure de repos. Le 17 octobre, la cavalerie ennemie était aux Étangs, à trois lieues de Metz. Le 19, les deux généraux de l'Empereur, deux généraux renommés du seizième siècle, le duc d'Albe et le marquis de Marignan, vinrent, avec vingt mille hommes, reconnaître la ville. Le siége était commencé. Du haut de la Belle-Croix les généraux étudièrent attentivement les fortifications, tandis que leurs troupes tâtaient les nôtres à divers endroits de la ville. Mais elles les trouvaient « roides et assurées. » L'escarmouche dura depuis onze heures jusqu'au soir. Les ennemis se retirèrent laissant les Français très-fiers de ce début, et pendant trois jours on fut en repos. On en profita pour activer le travail des fortifications, quoique, avec une si grande ville et qui avait tant de côtés faibles, on ne sût « auquel on devait premièrement entendre. »

Le 20 du mois, à cinq heures du matin, un grand bruit de tambours battant aux champs annonça que l'armée approchait. En effet, à sept heures, quand le brouillard tomba, on vit apparaître l'avant-garde au nord de la cité. Une partie de l'armée ennemie grimpa le mont Châtillon, pour y asseoir le camp, tandis que le reste se tenait en bataille au nord-est, jusqu'à ce que le camp fût logé. Ce soir-là, à minuit, arrivèrent à Metz deux princes du sang de France, le duc d'Enghien, le prince de Condé, les deux fils du connétable, accompagnés d'une centaine de gentilshommes. On prit les dernières dispositions pour faire régner la plus dure discipline, pour ne laisser aux traîtres et aux espions aucune occasion d'intelligence avec les ennemis, et on distribua les postes de combat.

A la fin du mois le siége avait pris les plus vives allures, et comme le dit une des nombreuses chansons populaires qui célèbrent si curieusement ce grand événement :

Le mardi, devant la Toussaint,
Est arrivée la Germanie
A la Belle-Croix des Messins,
Faisant grande escarmoucherie.
Mais les Français, d'âme hardie,
Au-devant d'eux s'en sont allés.
C'était pour rompre leur folie
De venir voir en nos fossés.

Doubles canons ils ont menés
A la Belle-Croix dessus dite,
Pour battre le palais de Metz,
Les grands églises et petites.
Mais ils ont trouvé les reliques,
Aux Carmes et aux Cordeliers,
De deux pièces d'artillerie
De quoi on les a salués.

Les Allemands rentrèrent à leur cantonnement du mont Châtillon. Mais ils y restèrent peu. Le jour de la Toussaint, ils commencèrent à descendre vers la partie méridionale. Le marquis de Brabançon, avec les gens des Pays-Bas, garda cette première position et y établit un camp que les Français nommèrent malicieusement le camp de la reine Marie. Le duc d'Albe et le gros de l'armée vinrent s'établir entre les deux rivières, en face de la muraille du sud, qui était la partie la moins naturellement forte de la place. Les autres quartiers de la ville avaient jusque-là donné tant d'affaires aux assiégés, que l'on n'avait pu travailler beaucoup à celui-ci. L'on se mit à la besogne avec une sorte de fureur et au bout de huit jours l'on avait construit, derrière la muraille, un rempart haut déjà de trois pieds, et de vingt-quatre pieds de large. Les ennemis s'étaient établis dans toutes les ruines des faubourgs, des abbayes, des hameaux, situés entre la Moselle et la Seille. Les tranchées étaient commencées, ainsi que tous les terrassements qui devaient porter l'artillerie des assiégeants.

Pendant ces huit jours les mauvaises nouvelles se succédèrent, comme pour nous enlever le courage. D'abord, on vit, à l'essai, que la grosse artillerie trouvée dans la ville était mauvaise. Les pièces éclatèrent. Il nous fut impossible de nous opposer, autrement que par des sorties et des escarmouches, aux mouvements un peu lointains de l'ennemi. Il fallut que le duc improvisât des canonniers, pour essayer de faire refondre les vieilles pièces. On apprit d'un trompette ennemi la prise de Hesdin par les troupes de l'Empereur, et les incidents qui forçaient le roi et le connétable à quitter les environs de la Lorraine et à faire perdre aux assiégés l'espérance de secours. Guise, à la première nouvelle de ces échecs en Picardie, avait du reste envoyé un homme d'esprit et de hardiesse, Thomas Delvêche, auprès du roi, pour lui dire qu'il ne s'inquiétât point de Metz : elle avait des vivres pour longtemps, et il connaissait assez le cœur et la vertu des gens de bien qui étaient dans la ville pour espérer, avec la grâce de Dieu, la défendre contre tous les assauts.

On avait découvert des espions et des intelli-

gences entre la place et les assaillants. On remarquait
aussi que tous les blessés mouraient et l'on en con-
cluait que les médicaments étaient empoisonnés.
Enfin, le marquis de Brandebourg avait mis fin à
sa conduite hypocrite ; il avait, comme nous l'avons
dit, écrasé un petit corps de troupes françaises qui
l'accompagnait, et amenant avec lui le frère de
François de Guise, le duc d'Aumale, qu'il avait fait
prisonnier et à qui il prodiguait les mauvais traitements, il vint, avec son armée de plus de vingt
mille hommes, camper à l'occident de la ville. Il
donnait les mains, à sa gauche, aux Impériaux de
Brabançon, et, de sa droite, il touchait au grand
camp du duc d'Albe. La cité était donc entourée
par une ceinture d'ennemis. Dans la nuit de la
Toussaint, il était encore entré vingt-cinq ou trente
gentilshommes venant de Verdun. Mais, à partir
de ce jour, on ne put entrer dans la ville qu'avec
difficulté, et cela devint bientôt comme impossible.

Toutefois, il y entra encore un homme, bien
humble au regard des puissants princes qui se trouvaient là, et dont pourtant l'arrivée fut célébrée
avec la même joie que la venue d'une troupe de
renfort. Je veux parler du grand médecin Ambroise
Paré. « On gagna un capitaine italien, dit Ambroise
Paré lui-même, qui promit de me faire entrer. Je

me suis mis en chemin avec lui, mon apothicaire, et un cheval qui portait sa pleine charge de drogues. Nous partîmes de Verdun. Nous n'allions que de nuit. Quand nous fûmes à une lieue et demie du camp, je vis, à deux lieues à la ronde, des feux allumés autour de la ville ; on eût dit que toute la terre brûlait, et il m'était avis que nous ne pourrions jamais passer autour de ces feux sans être découverts, et par conséquent pendus ou étranglés. Pour vrai dire, j'eusse bien voulu être encore à Paris. Mais Dieu conduisit si bien notre affaire que nous entrâmes dans la ville à minuit, à l'aide d'un certain signal que mon capitaine fit à un autre capitaine de M. de Guise. J'allai trouver incontinent ce seigneur à son lit ; il me reçut de bonne grâce, étant tout joyeux de ma venue. »

Bientôt les tranchées s'approchent de la ville. Les redoutes sont élevées et garnies de canons formidables. L'artillerie commence à tonner et les batteries ennemies à mordre les murailles, tantôt ici, tantôt là, à essayer les murs, les tours, les bastions. Et, tantôt ici, tantôt là, les princes et pionniers couraient avec la hotte, les sac de laine, les gabions, les fascines, appuyant, épaulant, bâtissant, répondant aux offres de capitulation que l'on verrait plutôt la fin de la vie de l'empereur que la fin du siége. Puis, de jour et de nuit, sortant par les trois portes que l'on avait laissées ouvertes dans la ville, ils allaient tuer à coups d'épée les soldats dans les tranchées, dresser des embuscades qui sortaient du camp, mettre en fuite et piller les fourrageurs et les convois des Allemands, faisant des reconnaissances de tout côté, échangeant parfois des coups de lance entre les capitaines, tandis que les arquebusiers se saluaient de coups de feu. Il ne se passait point de jour que nos soldats n'allassent donner l'alarme aux ennemis, battre les chemins entre le camp, faisant du butin, des prisonniers, du dégât.

« Nos gens faisaient souvent des sorties, dit encore le bon Ambroise Paré. Dès la veille, il y avait presse à se faire enrôler pour ces sorties, car c'était une grande faveur d'avoir permission de courir sur l'ennemi. On sortait au nombre de cent ou cent vingt, bien armés, avec rondaches, coutelas, arquebuses, pistolets, piques, pertuisanes, hallebardes, et l'on allait jusqu'aux tranchées réveiller l'ennemi en sursaut. Alors l'alarme se donnait dans tout le camp. Leurs tambours sonnaient : plan, plan, plan, ta, ti, ta, ta, ta, ti, ta, tou, touf, touf. Pareillement leurs trompettes et clairons ronflaient et sonnaient : Boute-selle, boute-selle, boute-selle, monte à cheval, monte à cheval, monte à cheval, boute-selle, monte à cheval, à cheval ! Et tous leurs soldats criaient : A l'arme, à l'arme, aux armes, armes, comme l'on fait la huée après les loups. Tous criaient en divers langages, selon le pays, et on les voyait sortir de leurs tentes et petites loges — drus comme fourmillons, lorsqu'on découvre leurs fourmilières — pour secourir leurs compagnons qu'on égorgillait comme des moutons. La cavalerie venait également de tous côtés, au grand galop, patata, patata, et il leur tardait bien de se trouver au milieu de la mêlée, où l'on donnait et recevait les coups. Quand les nôtres étaient forcés, ils revenaient vers la ville, toujours en combattant. Ceux qui les poursuivaient étaient repoussés à coups d'artillerie, qu'on avait chargée de cailloux, de morceaux de fer découpés en carrés et en triangles. Ceux de nos soldats qui étaient sur la muraille faisaient pleuvoir, dru comme grêle, un feu d'escopetterie et des balles sur les ennemis, pour les envoyer coucher, et plusieurs n'allaient pas bien loin, mais demeuraient sur place. Nos gens aussi ne s'en revenaient pas tous avec la peau entière. Il en restait toujours quelques-uns derrière pour la dîme. Mais ils étaient joyeux de mourir au lit d'honneur. Quelques jours après, on faisait d'autres sorties, ce qui fâchait fort les ennemis, parce qu'ils ne pouvaient dormir en sûreté. »

Toutefois, la tranchée avançait toujours et elle approcha bientôt assez pour que les soldats des deux partis pussent échanger des injures.

Le 20 novembre, l'Empereur arriva en personne au camp, et sa venue fut révélée aux assiégés par de grandes salves d'arquebuserie et d'artillerie. Il passa toute l'armée en revue. Cette arrivée décupla l'énergie des assiégeants ; et tout étant prêt, commença la plus terrible canonnade qu'on eût encore entendue en Europe, et qui retentissait à quatre lieues à la ronde. Ils avaient surtout une batterie de vingt-cinq à trente pièces, d'un calibre énorme pour le temps, qui se mit à battre la muraille méridionale, aux environs de la porte Champenoise, avec une telle furie, qu'en peu d'heures on compta mille trois cent quarante-trois coups, et que la muraille fut percée en plusieurs endroits. La canonnade recommença les jours suivants, avec la même rage.

Pendant ce temps, de jour et de nuit, l'on travaillait à bâtir un nouveau rempart derrière ce mur entamé. Arriverait-on avant l'ennemi, dont l'artillerie, commandée par un des plus renommés généraux de cette arme, don Juan Manrique, faisait cruellement merveille? aurait-on bâti le rempart avant l'effrondement total de la muraille?

« Le vingt-huitième de ce mois de novembre, dit un des témoins et chroniqueurs du siége, Bertrand de Salignac-Fénelon, les ennemis, continuant leurs batteries, ouvrirent la tour d'Enfer de dix-huit ou vingt pieds de large. Sur le midi, tout le pan de mur entre les tours des Wassieux et des Lainiers, après avoir été fortement battu, assez près du sol, commença à pencher en dehors et à se séparer de la terre qui l'appuyait. Deux heures après, sous les coups de l'ennemi, ce mur tomba tout d'un coup dans le bastion. Heureusement, il s'affaissa plutôt qu'il ne tomba, rendant la montée malaisée pour l'assaut. Les Allemands, voyant renverser la muraille, jetèrent un cri et firent montre d'une grande joie, comme s'ils étaient sur le point d'arriver à la fin de leur entreprise. Mais quand la poussière abattue leur laissa voir derrière la brèche un rempart haut déjà de huit pieds, on n'entendit plus leur risée.

« Un de nos soldats, nommé Montilly, fit la bravade de descendre immédiatement par la brèche, comme pour dire aux ennemis qu'il ne se souciait guère qu'on pût aisément y monter. Nos gens de guerre, de pied et de cheval, plantèrent leurs enseignes, guidons et cornettes sur le rempart, et tous les matins, au changement de garde, on ne manquait pas de les y déployer. »

« Nos soldats, reprend Ambroise Paré, criaient à ceux du dehors : Au renard, au renard, au renard ! et échangeaient mille injures avec eux. Mais, M. de Guise ayant défendu, sous peine de mort, qu'on parlât aux assiégeants, de crainte que ce ne fût à quelque traître l'occasion de dévoiler ce qui se passait dans la ville, nos hommes attachaient des chats vivants au bout de leurs piques, échangeaient avec eux des cris de : Miaut, miaut, miaut, et les lâchaient. Les Impériaux étaient furieux d'avoir tant dépensé pour faire une brèche de quatre-vingts pas, où l'on pouvait entrer cinquante hommes de front, et de trouver derrière un rempart plus fort que la muraille. »

« Grand nombre de nos arquebusiers, continue Salignac, comme si cette muraille n'eût été pour eux rien autre chose qu'un obstacle, s'étaient mis dessus pour tirer dans les tranchées et les cavaliers de l'ennemi. Aussi leurs soldats de tranchée firent-ils de petites embrasures dans leurs terrassements, par lesquelles ils pouvaient tirer à couvert et en plein dans la brèche, pour empêcher les nôtres d'oser s'y présenter. Toutefois, les gens d'armes, ayant l'armet en tête et vêtus de leurs blouses de travail, mon-taient tout au haut de la muraille, pour vider les hottes de terre. Ils paraissaient si peu craindre le danger que les pionniers et les femmes mêmes, qui travaillaient au rempart, s'accoutumèrent peu à peu à monter avec eux.

« Pendant tout le reste de ce jour, les ennemis es-sayèrent à coups de canon ce rempart qui les avait tellement surpris. Mais, quoiqu'il fût fraîchement fait, il se trouva assez fort, en plusieurs endroits, pour arrêter le boulet.

« A la nuit, la canonnade cessa. Mille coups en-viron avaient été tirés ce jour-là. Nous nous mîmes au travail pendant les ténèbres et avec plus d'acti-vité que jamais, pour élever et renforcer le rempart, pour étayer la tour qui s'était écroulée. »

Les assiégés attendaient l'assaut que le margrave Albert de Brandebourg avait demandé à l'Empereur la faveur de donner aux Français, promettant de prendre la ville sans grande difficulté. Pendant ce temps nous continuions ces sorties hardies et fu-rieuses, telles qu'on les estimait faites plutôt par des « esprits diaboliques que par des hommes mortels. »

Nous avions aussi au dehors divers corps de troupes qui, par leur courage et leur activité, se montraient dignes des assiégés. Elles étaient sous le commandement général de M. de Nevers. Elles couraient toute la Lorraine, prenant les villes occupées par les Impériaux, saccageant les villages où ils étaient cantonnés, enlevant leurs convois, exterminant les corps de troupes qui s'éloignaient du camp, et se livrant à une guerre de partisans, incessante, sans pitié, guerre toute de hardiesse et de ruses, guerre dramatique, pittoresque, joyeuse, dont Roger de Rabutin et le maréchal de Vieilleville se sont faits les historiens. Le premier de ces deux capitaines avait son quartier général à Toul, sous M. de Nevers et sous ce vieux gouverneur d'Esclavolles qui, sommé de rendre cette place sans défense, répondait sévèrement : « — Prenez d'abord Metz, nous causerons ensuite de Toul. »

C'est de Verdun que Vieilleville partait pour ces expéditions si habilement combinées, si énergiquement exécutées, qui le firent surnommer par Charles-Quint le Lion-Renard et où il était conduit par l'irritation que lui avait causée la lâche trahison du margrave Albert de Brandebourg. Il est vrai que Vieilleville jouait gros jeu avec de tels personnages, avec ce vieil empereur auquel le sentiment de la générosité avait toujours été inconnu et qui mit à prix la tête du Lion-Renard et jura qu'il le ferait empaler. Quant au margrave, à chaque défaite de

ses soldats, il courait ivre de fureur près de son prisonnier, le duc d'Aumale, lui mettait le couteau sur
la gorge avec force paroles insultantes, lui jurant
qu'il le « crèverait à coups de pistolet. » Par un raf-
finement de grossièreté allemande, il se vengeait de
ses échecs en forçant le prince lorrain à garder la
même chemise pendant trente-six jours et en parant
son propre corps « d'ivrogne » des habits que le
duc de Guise envoyait à son frère « pour le rafraichir. »

Vieilleville continuait la guerre, enlevant les convois, prenant les châteaux, les villes même, parmi
lesquelles Pont-à-Mousson, exterminant les petits
corps d'armée et cherchant jusque tout près de Metz
les soldats du margrave. Il en tua mille aux portes
du camp, dans ce village de Rougerieulle, situé dans
la montagne, d'où il nous montre la ville de Metz, à
l'aube, « là-bas, en la plaine, avec toute l'armée de
l'Empereur, l'assiette du siége et des camps que l'on
voyait aussi à clair que l'on voit Paris de Montmar-
tre, Rouen du mont Sainte-Catherine, Lyon de Four-
vières. Chose si admirable à voir que l'on ne pouvait
rien désirer de mieux, surtout les tonnerres et les
éclairs de chaque côté d'où l'on s'entre-tirait inces-
samment, surtout encore les volées des trente canons en batterie contre la brèche, là où les canon-

niers faisaient une telle diligence qu'en moins d'une heure nous en vîmes tirer dix-huit coups dont le tremblement était si fort qu'il nous soulevait et nous faisait perdre terre. Mais l'aube du jour apparut plus grande, car nous étions en décembre et il était près de sept heures. M. de Vieilleville commanda que chacun prît, s'il voulait, le plaisir de cette vue, mais qu'il se hâtât, car le marquis Albert était un fort mauvais voisin. Il fit sonner trompettes et partit en disant que ceux qui n'avaient pas dormi dormiraient à cheval. »

Malgré tous ces efforts, la position des assiégés ne s'améliorait guère. L'artillerie ennemie était tellement supérieure, qu'elle pouvait raser tout ce qu'elle voulait, et de fait il y avait des brèches de toute part. L'hiver était arrivé avec toutes ses rigueurs, la neige était tombée en grande masse, le froid était intense. La nuit, on entendait des bruits souterrains qui indiquaient le travail des mines. Le duc de Guise venait écouter au pied des murailles pour tâcher de saisir la direction de ces sapes, et comme le dit l'une des chansons populaires, « le vieil gendarme Saint-Remy nuit et jour cherchait dans les caves » pour trouver les endroits propres aux contre-mines. En effet l'on en commença plusieurs.

Le gouverneur, pour répondre aux rodomontades de l'Empereur, qui jurait qu'il ne quitterait pas Metz avant de l'avoir prise et d'avoir exterminé la garnison, dût-il y user trois armées, le gouverneur commença à mettre la garnison à la portion congrue. Il savait qu'il n'avait pas de secours à attendre avant longtemps; il commença à diminuer d'un quart la nourriture des hommes, à faire tuer et manger les cheveaux inutiles. On était du reste décidé à ne pas se rendre avant d'avoir mangé « ânes, mulets, chiens, chats, rats, même les bottes, les collets et les autres cuirs qu'on eût pu amollir et fricasser. »

Le 7 décembre, l'armée ennemie s'ébranla. On attendit l'assaut. Chacun se rendit à son poste de combat, aux brèches, aux bastions, aux places de secours, le long des murailles. On était peu de monde pour garder une si grande ville, mais tout le monde était prêt à bien faire. Les princes de Bourbon, de Lorraine, de Savoie et les fils du connétable prirent le premier rang à la grande brèche. Le vieux Saint-Remy avait préparé « tous ses artifices à feu et engins de guerre. » L'armée ennemie s'avança ; puis elle s'arrêta. On resta ainsi tout le jour. Les assiégés étaient graves, recueillis et déterminés. Quand la nuit vint sans avoir amené l'assaut, on supposa que les Allemands avaient vu la brèche garnie de trop de « museaux de fer, de morions et de corselets » pour oser s'aventurer.

Mais ce devait être sans doute partie remise, et maître Ambroise Paré nous indique les énergiques précautions des assiégés. On avait préparé « toute espèce d'artifices de feu, comme boîtes, barricades (petits barils), grenades, pots à feu, lances ardentes, torches, fusées, cercles entourés de chausse-trapes, fagots brûlants. On avait, en outre, de l'eau bouillante, du plomb, de la poudre de chaux vive pour brûler les yeux des assaillants. On avait donné l'ordre de percer les maisons de chaque côté pour loger les arquebusiers et prendre les ennemis en flanc. Les femmes devaient dépaver les rues et jeter par les fenêtres bûches, tables, tréteaux, escabelles pour effondrer les cervelles. Plus loin, derrière la brèche, on avait établi un gros corps de garde remparé de charrettes, de palissades, de tonneaux pleins de terre, armé de petites pièces de canon qui eussent rompu les jambes et ainsi pris les Allemands en flanc, tête et queue. S'ils avaient forcé ces défenses, ils en eussent trouvé d'autres de cent pas en cent pas, qui ne se seraient pas mieux conduites que les précédentes et eussent fait beaucoup de veuves et d'orphelins. Enfin, il leur eût fallu encore remporter sept gros bastillons, commandés chacun par un prince et où tous étaient décidés à se défendre jusqu'au dernier soupir de leur âme. On avait résolu de porter les trésors, l'argent, les joyaux, les plus riches meubles dans la grand'place et de les réduire en cendre, afin d'empêcher les ennemis d'en faire profit. Il y avait, en outre, des hommes énergiques dont la mission était de mettre le feu aux maisons et aux poudres, afin de tout détruire, la ville, les Allemands et nous.

« C'était le consentement de tous, qui préféraient voir ces extrémités que de tomber aux mains des cruels Espágnols. Et on eût vu là quelque chose qui eût rappelé la destruction de Troie et de Jérusalem. »

L'assaut ne se donnait pas, au grand déplaisir de l'Empereur, dont la situation d'esprit nous est peinte naïvement dans une lettre du duc d'Albe interceptée par Vieilleville :

« L'Empereur, sachant que la brèche était plus que raisonnable et que pas un de ses capitaines ne s'offrait pour y monter, s'y est fait porter par quatre lansquenets, et l'ayant vue, il dit en grande colère : — Comment, plaies de Dieu ! n'entre-t-on point là-dedans ? La brèche est grande et à fleur de fossé ! Vertu Dieu ! à quoi cela tient-il ?

« Je lui ai répondu que nous étions avertis que le duc de Guise avait fait faire derrière la brèche un fort retranchement garni d'un *milliasse* d'artifices de feu, tellement qu'il n'y avait pas d'armée qui n'y dût périr.

« — Mort Dieu ! reprit l'Empereur, que ne l'avez-vous fait essayer ? Croyez-vous aveuglément ce que l'on vous rapporte ?

« J'ai été contraint de lui répliquer que nous n'avions pas affaire à une ville d'Allemagne, qui se rend quand on la menace, mais qu'il y avait là-dedans dix mille braves hommes, soixante grands seigneurs, neuf ou dix princes du sang royal de France, comme Sa Très-Sacrée Majesté a pu le connaître par les sanglantes et victorieuses saillies qu'ils ont faites sur nous. Sur cette remontrance sa colère s'est accrue.

« — Ah ! je renie Dieu ! Je vois bien que je n'ai plus d'hommes ! Il me faut dire adieu à l'Empire, à toutes mes entreprises et au monde, et me confiner en quelque monastère, car je suis vendu et trahi, à tout le moins mal servi, et, par la mort Dieu ! avant trois ans je me ferai cordelier !

« Il est vrai que nous avons mal réussi jusqu'ici. Nous avons eu tort de vouloir combattre les hommes et le temps. »

L'hiver était, en effet, le meilleur auxiliaire des assiégés. La peste, la faim, le froid décimaient les Allemands. Capitaines et soldats demandaient à grands cris qu'on les menât aux brèches, aimant mieux périr de la main de l'ennemi que de misère. Mais les généraux, que les entreprises, les sorties et les attaques continuelles des Français portaient à la réflexion, craignaient que l'armée n'y fût anéantie et qu'un retour offensif des Français victorieux ne leur rendît, après des assauts meurtriers, la retraite difficile, sinon impossible. Puis l'Empereur avait demandé quels étaient ceux qui se mouraient, si c'étaient des gens de marque. Quand il eut appris que c'étaient de pauvres soldats, il dit que c'était un bien qu'ils mourussent et qu'il y a toujours trop de chenilles et hannetons pour manger les fruits de la terre. Il ajouta encore qu'il prendrait la ville par force ou famine, car la prise de tant de seigneurs lui compenserait sa dépense au quadruple, et il voulait encore une fois aller visiter les bons Parisiens et se faire à Paris couronner roi de France. Le siége continua.

Mais ni brèche, ni sape, ni mine n'avaient amené de résultats ; nous n'étions ni moins fréquents ni moins hardis dans nos sorties et nos entreprises, et l'on savait que nous étions décidés à mourir avant

La peste, la faim, le froid, décimaient les Allemands...

de nous rendre. La vie dans les camps devenait intolérable. Les soldats désertaient et venaient, hâves, déguenillés, presque mourants, se rendre à nos coureurs qui les accueillaient et les soignaient. Les généraux désespéraient du succès. On commença dès le jour de Noël à voir de la ville certains mouvements annonçant que l'Empereur cédait enfin. Mais on n'y voulait pas croire. Ce fut le 27 que, dans une de leurs sorties, les nôtres trouvèrent vide le camp des Italiens. Les Français redoublèrent d'activité. La retraite se faisait lentement et en force. L'Empereur était encore au camp. Le 27 et le 28, la canonnade dura plus forte que jamais. Enfin le dimanche, 1er de l'an 1553, l'empereur Charles-Quint abandonna le siége, furieux et désespéré de « cette bastonnade, » la plus rude qu'il eût reçue en toute sa vie et dont la pensée l'empêcha désormais d'entreprendre rien de grand.

Mais François de Guise se tenait sur ses gardes, connaissant l'esprit rusé de l'Empereur et craignant qu'il n'eût simulé ces mouvements pour mettre le désordre parmi les assiégés, les engager à diminuer leur surveillance, les pousser à des sorties imprudentes pour ensuite enlever la ville par surprise.

Le lendemain, sur les onze heures de nuit, on vit deux fusées s'élever du grand camp méridional et du camp de la Reine Marie, au nord-est, et le duc d'Albe et le marquis de Brabançon délogèrent piteusement, sans bruit de trompette ou de tambour, dans un désordre inexprimable, laissant les tentes dressées, une énorme quantité d'armes, des tonneaux pleins de poudre, des meubles à foison, une partie de leur artillerie enterrée, et abandonnant une multitude incroyable de malades.

Les troupes de la ville et les bandes du duc de Nevers se mirent en route pour « chausser les éperons à MM. les Espagnols » et pour activer leurs retraite. Mais on trouvait les champs et les villages pleins de malheureux soldats en si grande misère, que les bêtes les plus cruelles eussent eu pitié de ces misérables tombant par les chemins et le plus souvent s'affaissant près des haies, au pied des buissons pour devenir la proie des chiens et des oiseaux. Les Français les prenaient en pitié et se jetaient sur les grosses troupes qui protégeaient la retraite.

Le margrave Albert de Brandebourg était resté le dernier dans son camp de l'ouest avec une armée bien supérieure en nombre encore à toutes les troupes françaises de Lorraine. Ce fut sur lui que se tourna l'effort des Français. On allait chercher ces Prussiens jusque dans leurs fortifications ; on les lardait de coups de pique dans leurs loges; on espérait les exaspérer, les attirer en bataille dans la plaine. Mais ils restaient unis et serrés, et bien leur en prenait, car tout ce qui était trouvé était « égosillé » par les maraudeurs et les gens du pays. Enfin on fit porter par les soldats (car il n'y avait plus de chevaux ni guère de pionniers) des canons dans une île voisine du Pont des Mores, et l'on se mit à tirer sur le camp du margrave avec une telle furie, que l'on voyait du haut des clochers « mouvoir et remuer ces ivrognes aussi dru et menu que les fourmis dans une fourmilière où l'on a jeté de l'eau chaude, et ils ne savaient de quel côté se tourner. »

Le margrave délogea donc, embarquant son artillerie sur la Moselle et prenant avec le gros de son armée le chemin de Trèves. On se mit à sa poursuite, et « on avait bon marché de ses gens, affaiblis par le froid, la faim et toute misère ; mais, au lieu de les tourmenter, bien souvent les Français leur ouvraient passage, ne souhaitant que tenir le chef pour payer l'écot de tous. »

Le 15 de janvier, il n'y avait plus un ennemi devant la ville, mais le spectacle que présentaient les camps était horrible. On y trouvait des bandes de soldats de toute nation, malades à la mort, renversés dans la neige boueuse, d'autres assis sur de grosses pierres, ayant les jambes dans la fange, les jambes gelées jusqu'aux genoux, qu'ils essayaient en vain de retirer en suppliant qu'on les achevât. Le duc de Guise, les seigneurs et les soldats les secoururent, les firent soigner et nourrir. De tous côtés, en ce camp, on voyait la terre toute labourée et levée comme le cimetière Saint-Innocent, à Paris, après quelque grande mortalité, puis des tas de morts non enterrés. On entendait des cris de souffrance qui sortaient des misérables loges creusées en terre et à peine recouvertes d'un peu de chaume. Les soldats qui revenaient de donner la poursuite aux ennemis rapportaient que les chemins étaient pavés de morts, de charrettes remplies de moribonds et abandonnées, de canons, d'armes, de débris noircis, restes des poudres, des meubles et harnais qne l'on avait fait brûler pour ne point les laisser aux mains des Français.

L'Empereur avait perdu trente mille hommes par les maladies, la faim et les coups de l'ennemi. Il avait fait la paix avec les princes allemands en leur promettant l'envahissement et la soumission de la France. Il fut obligé de reculer, dès le premier effort, devant une petite troupe et une ville qu'on fortifiait au jour le jour, sous le coup et sur l'indica-

tion de ses canons. La vanité germanique n'oublia
pas aisément ce honteux échec. Le margrave Albert
de Brandebourg s'en vengea sur le duc d'Aumale :
il lui vola ses habits et lui fit payer soixante-dix
mille écus de rançon.

Mais Metz, Toul et Verdun nous restèrent, et la
gloire et le succès de cette défense rendirent inévitable la réunion de la Lorraine à la France.

CONQUÊTE DE LA FLORIDE

1565

Le capitaine Dominique de Gourgues

Parmi les plus hardis voyageurs dont la France puisse s'honorer, il faut citer ceux qui, dans le courant du seizième siècle, essayèrent de conquérir la Floride : les capitaines Jean Ribaut, Laudonnière, Dominique de Gourgues.

En 1562, le capitaine Jean Ribaut, « homme véritablement expérimenté en fait de marine, » avait été envoyé, par l'amiral de Châtillon, pour reconnaître les terres neuves d'Amérique. Il avait avec lui deux navires contenant beaucoup de vieux soldats et de gentilshommes, parmi lesquels Laudonnière, l'auteur du récit. Après deux mois environ de navigation, ils étaient arrivés en Floride, avaient découvert beaucoup de terrains, d'îles et de rivières, et avaient lié grande amitié avec ﹇ Indiens. Puis le capitaine, après avoir bâti, à côté d'une petite rivière nommée Chenonceau, un fort qu'il remit aux mains de quelques Français de bonne volonté, avait continué sa route. Il promettait de revenir, après avoir été rendre compte de son voyage au roi. Il arriva, en effet, en France au mois de juillet 1562. Mais les discordes civiles empêchèrent qu'on ne donnât suite à ses projets. Les Français, qui étaient restés en Floride, dans le fort de Charlesfort, quittèrent le pays, après des aventures diverses, et s'embarquèrent pour la France. La plupart moururent de faim en chemin, et les autres, après s'être nourris du cuir de leurs souliers, après avoir mangé l'un d'entre eux, que le sort avait désigné, furent enfin recueillis par un bâtiment anglais.

Mais en 1564, on n'avait pas encore de leurs nouvelles; l'amiral de Châtillon, les croyant toujours en Floride, y envoya le capitaine Laudonnière, à la tête de trois navires, l'un de cent vingt tonneaux, l'autre de cent, le troisième de soixante. Les Français vinrent s'établir proche d'une rivière, que les précédents navigateurs avaient nommée la rivière de May. Là, il bâtirent une forteresse importante qu'ils nommèrent la Caroline. Les navires retournèrent en France; Laudonnière, avec une partie de ses hommes, s'établit dans le fort. Il resta là plusieurs mois, se mêlant aux Indiens, s'alliant et commerçant avec eux, faisant des voyages de découvertes. Ses soldats prirent la mer pour se livrer à la piraterie. Puis pressés par la faim et poursuivis par les Espagnols, ils revinrent au fort. Quelques mois se passèrent. Avec le printemps vint la famine, dont les Français souffrirent tellement qu'une partie d'entre eux voulut s'embarquer pour regagner la France. Ils n'avaient qu'un mauvais navire, et il leur en coûtait d'ailleurs de quitter un pays si riche. Des navigateurs anglais vinrent les secourir dans leur détresse et leur vendirent un navire et des vivres.

Nos Français se préparaient à partir, le 28 août 1565, quand on signala six navires en mer. C'était une flotte commandée par le capitaine Jean Ribaut, lequel arrivait avec des instructions sévères. On avait, en effet, accusé Laudonnière de vouloir se rendre indépendant, de tyranniser ses compagnons et de jouer au potentat. Ribaut, après avoir pris dans le fort tout ce qu'il y avait d'hommes valides, s'éloigna pour continuer ses explorations.

Les Espagnols, avertis, ne tardèrent pas à se montrer aux environs de la Caroline. Laudonnière, avec les quelques hommes qu'on lui avait laissés, travailla à compléter les fortifications. Mais les ennemis ne lui en laissèrent pas le temps. Le 20 septembre, ils pénétrèrent par surprise dans la forteresse, exterminèrent quelques-uns des habitants. Le reste s'enfuit dans les bois, où Laudonnière après quelque défense vint les rejoindre. Il regagna à grand'peine un des navires et partit pour la France.

Le capitaine Ribaut avait pris la même route, mais il ne devait pas revoir son pays. La tempête le ramena à la Caroline, dont les Espagnols venaient de s'emparer. Les navires se brisèrent à quelque distance du fort. Lui et ses hommes tombèrent entre les mains de ces Espagnols qui, malgré la foi jurée, les torturèrent, les pendirent, avec un écriteau qui portait :

« Pendus, non comme Français, mais comme luthériens. »

Le corps de Jean Ribaut fut coupé en quatre quartiers, plantés aux quatre coins du fort, et son courage, sa hardiesse, son génie d'entreprise avaient frappé les ennemis d'une telle haineuse admiration, qu'on lui coupa la barbe, laquelle fut envoyée à Séville en guise de trophée.

Ces atrocités, ce traitement ignominieux, cette hypocrisie, exaspérèrent le sentiment national. Un gentilhomme de Bordeaux, Dominique de Gourgues, poussé d'un désir de vengeance, et pour relever l'honneur de son pays, vend ses biens, arme trois petits navires montés par quatre-vingt-dix marins et cent cinquante soldats, et s'embarque, le 22 août 1567, avec le capitaine Cazenave, son lieutenant, et François Bourdelois, son maître d'équipage.

Il arrive à la Floride, dans les environs de la Caroline, renoue avec les chefs indiens, en particulier avec Satouriena et son neveu Olotocara, les relations d'alliance établies jadis avec les Français de Ribaut et de Laudonnière, et se prépare à attaquer les Espagnols.

« Il avait su que les ennemis étaient quatre cents hommes de défense, répartis en trois forts, dressés et flanqués et bien situés sur la rivière de May, le grand fort surtout, qui était celui que les Français avaient commencé et que les Espagnols avaient achevé. Sur l'avenue principale, c'est-à-dire la plus exposée, ils avaient bâti, à deux lieues, en dessous et plus proche de l'embouchure, deux autres petits forts de chaque côté de la rivière. Ces fortins étaient bien approvisionnés, garnis de beaucoup d'artillerie et défendus par cent vingt soldats.

« Depuis Saracary jusque-là il y avait deux lieues, que les pluies continuelles et les mauvais chemins rendirent fort pénibles. Le capitaine s'arrêta à la

rivière de Catacouru. Il en partit avec dix arquebusiers pour reconnaître le premier fort. Il le voulait
assaillir à la diane du jour suivant, mais il en fut
empêché par les injures du temps et l'obscurité de
la nuit.

« Le roi indien Helicopile, le voyant fâché d'avoir
manqué cette aventure, lui promet de le conduire
par un chemin plus long et plus facile. Il le guide,
en effet, à travers bois et le mène en vue du fort
où Gourgues reconnaît un quartier dont les fossés
n'étaient pas achevés. Il fait sonder la petite rivière
qui vient là se jeter dans le fleuve et attend que la
mer descende pour la faire franchir à ses gens. Ceux-
ci la traversent, le fourniment attaché au casque,
l'épée et l'arquebuse élevées, de crainte que l'eau,
qui leur venait jusqu'à la ceinture, ne mouillât les
armes. Ce ne fut pas toutefois sans quelque incon-
vénient, car le lit était formé de grosses huîtres aux
écailles si tranchantes, que plusieurs furent blessés
et perdirent leurs souliers.

« Toutefois, aussitôt passés, avec une ardeur
toute française, ils s'apprêtent au combat. C'était la
veille de Quasimodo, en avril 1568. Gourgues, pour
employer ce feu de bonne volonté, donne vingt
arquebusiers à son lieutenant Cazenave, avec dix
mariniers chargés de pots et de grenades à feu pour

brûler la porte. Puis, il attaque le fort par un autre endroit, après avoir rappelé à ses gens, dans une courte harangue, l'horrible trahison commise par les Espagnols contre nos compatriotes.

« Ils coururent, tête baissée, sur le fort; mais, à deux cents pas, ils furent aperçus. Le canonnier monté sur la terrasse cria : — Arme! arme! ce sont les Français. Et il leur envoya deux coups d'une coulevrine, qui portait les armes de France, ayant été prise sur Laudonnière. Mais avant qu'il eût pu recharger son troisième coup, notre allié Olotocara, qui, peu fait à notre discipline ou peut-être poussé par une extrême ardeur, était monté sur la plate-forme, lui avait passé sa pique à travers le corps. Gourgues avançait toujours. Il entend Cazenave crier que les Espagnols, sortis en armes au premier bruit, s'enfuient. Il tourne par là, enferme les enne-mis entre lui et son lieutenant, et fait si bien que, de soixante qu'ils étaient, pas un seul ne réchappa. Il en garda quinze vivants, pour leur faire subir la même peine qu'ils avaient infligée aux Français.

Pendant ce temps, les Espagnols de l'autre fort ne cessaient d'envoyer des volées d'artillerie qui incommodaient beaucoup les Français, encore que ceux-ci, pour y répondre, eussent déjà mis en po-sition et pointé les quatre pièces trouvées au premier fort. Alors Gourgues se jeta, suivi de quatre-vingts arquebusiers, dans la barque qui se trouva là bien à point. Il passa dans le bois joignant le fort, persuadé que les assiégés se sauveraient par là pour gagner, sous couvert, le grand fort, à deux lieues de là.

« Les sauvages, nos alliés, sans attendre le retour de la barque, se précipitent à l'eau, tenant d'une main leurs arcs et flèches élevés, et nageant de l'autre, si bien que les Espagnols, voyant les deux rives couvertes d'un si grand nombre d'hommes, se mirent à fuir vers le bois. Mais, tirés par les Français, repoussés par les sauvages, on leur avait ôté la vie avant qu'ils eussent eu le temps de la demander. En résumé, tous y perdirent la vie, sauf les quinze réservés à une punition exemplaire.

« Le capitaine Gourgues fit transporter tout ce qui pouvait être utile, du deuxième fort dans le premier, où il voulait s'établir en attendant l'attaque du grand fort dont il ignorait l'état réel. Heureusement, l'un des prisonniers, un sergent de bande, le renseigna, lui donna le plan des fortifications et avenues, et l'assura qu'il y avait près de trois cents soldats, bien approvisionnés et commandés par un brave gouverneur, qui s'y ferait battre en attendant secours. Gourgues fit faire huit solides échelles, souleva tous les Indiens afin d'enlever aux Espagnols toute communication, secours et retraite. Puis, il se mit en chemin.

« Cependant, le gouverneur avait envoyé un Espagnol déguisé en sauvage pour observer la situation des Français. Olotocara le reconnut pour un faux Indien. Mais l'Espagnol essaya de leur persuader qu'il était un soldat du second fort, qui s'en était échappé et qui, ne voyant partout que des sauvages, avait mieux aimé se fier à la générosité française et s'était déguisé en Indien pour n'être pas massacré par ces barbares. Mais, confronté avec le sergent de bande et convaincu d'être un espion, il fut mis avec les quinze de la réserve. Gourgues apprit de lui que les deux cent soixante Espagnols du grand fort croyaient que les Français étaient au nombre de deux mille, ce qui les effrayait assez. Sur quoi le capitaine, voulant profiter de cette épouvante, laissa quinze arquebusiers, commandés par son enseigne, pour garder le fort, fit partir les sauvages la nuit, pour s'embusquer des deux côtés de la rivière, et se mit en route au matin, emmenant avec lui le sergent et l'espion pour lui expliquer ce qu'ils lui avaient dépeint.

En chemin, le brave Olotocara, qui n'abandonnait jamais le capitaine, lui dit qu'il l'avait bien servi, mais que c'était tout, car il avait la certitude de mourir au combat du grand fort. Il ne songeait pas à s'éloigner, mais il le priait de remettre à sa femme les objets qu'il lui confierait afin qu'elle les enterrât avec lui, et qu'ainsi il fût mieux venu au village des Esprits. Le capitaine, après avoir loué en lui sa vaillante fidélité, son amour conjugal et son soin généreux des honneurs immortels, lui dit qu'il l'aimait mieux honorer vif que mort, et, qu'avec l'aide de Dieu, il le ramènerait victorieux.

« Dès qu'ils furent en vue du fort, les Espagnols les régalèrent généreusement de canonnades. Ceux-ci avaient surtout deux coulevrines postées sur un boulevard commandant la rivière et qui forcèrent Gourgues à gagner prestement la montagne boisée. Le fort était appuyé au pied de cette montagne et tout entouré par la forêt. Il était donc facile de s'en approcher à l'abri.

« Le capitaine avait délibéré de demeurer là jusqu'au matin. Il eût alors assailli les Espagnols en escaladant le fort du côté de la montagne où le fossé ne lui semblait pas assez flanqué pour la défense des courtines et d'où une partie des siens, tandis que le reste monterait à l'assaut, pouvait tirer sur les assiégés qui se montreraient. Mais le gouverneur avança son désastre. Il fit sortir soixante arquebusiers qui, se coulant le long des fossés, vinrent à la découverte.

« Vingt de nos Français, commandés par Cazenave, se précipitent entre eux et le fort, leur coupent la retraite ; Gourgues les charge en tête, après avoir recommandé de ne tirer que de près, à bout portant, et d'en venir immédiatement à l'épée. Les ennemis n'attendent pas une seconde charge. Ils tournent le dos. Cazenave les reçoit dans leur fuite. Tous y demeurent. Le reste des assiégés, effrayé, ne sait trouver d'autre résolution, pour sauver sa vie, que de s'enfuir dans les bois prochains. Mais là ils rencontrent les sauvages qui les attendaient et les criblent de leurs flèches redoutables, qui perçaient fort bien le bouclier et le corps de l'ennemi. Ainsi furent-ils contraints de tourner tête, préférant mourir par la main des Français.

« Des deux côtés ils ne trouvèrent merci. Ils nous avaient trop outragés, nous et nos alliés. Tout fut exterminé, excepté ceux qu'on réserva pour en faire un exemple.

« Le fort fut trouvé fort bien armé de cinq coulevrines, de quatre moyennes, avec plusieurs autres petites de toute forme. Il y avait dix-huit gros barils de poudre, des armes de toute espèce, que Gourgues fit immédiatement porter dans la barque. Mais

il ne put emporter ni la poudre ni les meubles : car
un sauvage, en faisant la cuisine, mit le feu à une
traînée de poudre établie par les Espagnols pour fê-
ter les Français quand ils monteraient à l'assaut. Le
magasin et les maisons, qui étaient de bois de sapin,
furent détruits.

« Les Espagnols prisonniers furent conduits à
côté des autres. Le capitaine leur remontra l'injure
qu'ils avaient faite, sans cause, à toute la nation
française, et les fit tous pendre aux mêmes arbres
où avaient été attachés les Français. Il y eut ceci
de notable que l'un des Espagnols suppliciés, avant
de mourir, confessa qu'il avait étranglé cinq Français de ses propres mains, et reconnut la justice de
notre arrêt.

« Le capitaine de Gourgues fit enlever l'écriteau
où Pedro Melandès avait écrit en espagnol, à côté
des Français pendus :

« Je ne fais ceci comme à Français, mais comme
à luthériens. »

« Il le fit remplacer par une planche de sapin où
étaient inscrites, à l'aide d'un fer chaud, ces paroles :

« Je ne fais ceci comme à Espagnols ni comme à
« navigateurs, mais comme à traîtres, voleurs et
« meurtriers. »

Conquête de la Floride.

« Après quoi, se voyant trop pauvre de soldats pour garder ces forts, craignant aussi que les Espagnols, qui ont des possessions près de là, ne les reprissent ou que les sauvages ne s'y établissent contre les Français, il résolut de ruiner les murailles. Il réunit tous les chefs sauvages, leur persuada que c'était une mesure sage, et tous les Indiens coururent à l'œuvre avec une telle ardeur, qu'ils renversèrent tout et mirent les trois forts à ras terre.

« Cela fait, Gourgues, après avoir envoyé Cazenave avec l'artillerie rejoindre les navires, partit à travers bois avec quatre-vingt-dix arquebusiers, l'arme sur l'épaule, la mèche allumée, et quarante marins la pique en main. Il s'avança ainsi, en ordre de bataille, à cause de la quantité innombrable de sauvages qui l'entourait. Mais tous ne songeaient qu'à l'honorer de présents et d'éloges, et le traitaient comme le libérateur du pays. Une vieille même vint lui dire qu'elle était maintenant heureuse de mourir, puisqu'elle avait vu les Espagnols chassés et les Français encore une fois maîtres de la Floride.

« Avant de partir, le capitaine harangua de nouveau les chefs assemblés, et les encouragea à garder l'alliance du roi de France, qui saurait les défendre contre tous les peuples. Tous le lui promirent, en fondant en larmes, surtout le fidèle Olotocara. Gourgues ne put les apaiser qu'en leur promettant d'être de retour dans douze lunes et de revenir avec une armée, un grand nombre d'armes et des présents envoyés par le roi.

« Puis, après avoir rendu grâces à Dieu et prié pour un heureux retour, le 3 mai 1568, les ancres furent levées. Onze cents lieues furent faites en dix-sept jours, et l'on arriva le 6 juin à la Rochelle, c'est-à-dire trente-quatre jours après avoir quitté la rivière de May. »

TABLE

Paris. — Imp. Paul Dupont. — 40.7.86.